Début d'une série de documents
en couleur

A. LEROUX

—

L'ABBAYE SAINT-MARTIAL

DE LIMOGES

A PROPOS D'UN LIVRE RÉCENT

(Extrait des Annales du Midi, tome XIII, année 1901.)

TOULOUSE

IMPRIMERIE ET LIBRAIRIE ÉDOUARD PRIVAT

45, RUE DES TOURNEURS, 45

—

1901

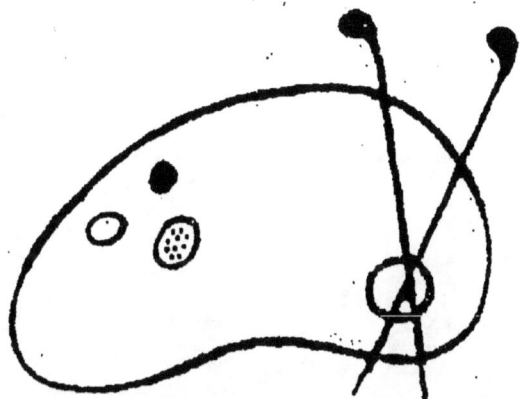

Fin d'une série de documents
en couleur

T~7

A. LEROUX

L'ABBAYE SAINT-MARTIAL

DE LIMOGES

À PROPOS D'UN LIVRE RÉCENT

(Extrait des Annales du Midi, tome XIII, année 1901.)

TOULOUSE

IMPRIMERIE ET LIBRAIRIE ÉDOUARD PRIVAT

45, RUE DES TOURNEURS, 45

1901

A. LEROUX

L'ABBAYE SAINT-MARTIAL

DE LIMOGES

A PROPOS D'UN LIVRE RÉCENT

(Extrait des Annales du Midi, tome XIII, année 1901.)

TOULOUSE

IMPRIMERIE ET LIBRAIRIE ÉDOUARD PRIVAT

45, RUE DES TOURNEURS, 45

1901

A. LEROUX

L'ABBAYE SAINT-MARTIAL

DE LIMOGES

A PROPOS D'UN LIVRE RÉCENT

(Extrait des ANNALES DU MIDI, tome XIII, année 1901.)

TOULOUSE

IMPRIMERIE ET LIBRAIRIE ÉDOUARD PRIVAT

45, RUE DES TOURNEURS, 45

1901

Début d'une série de documents
en couleur

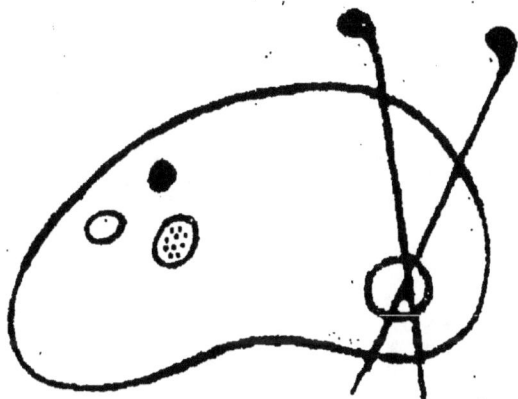

Fin d'une série de documents
en couleur

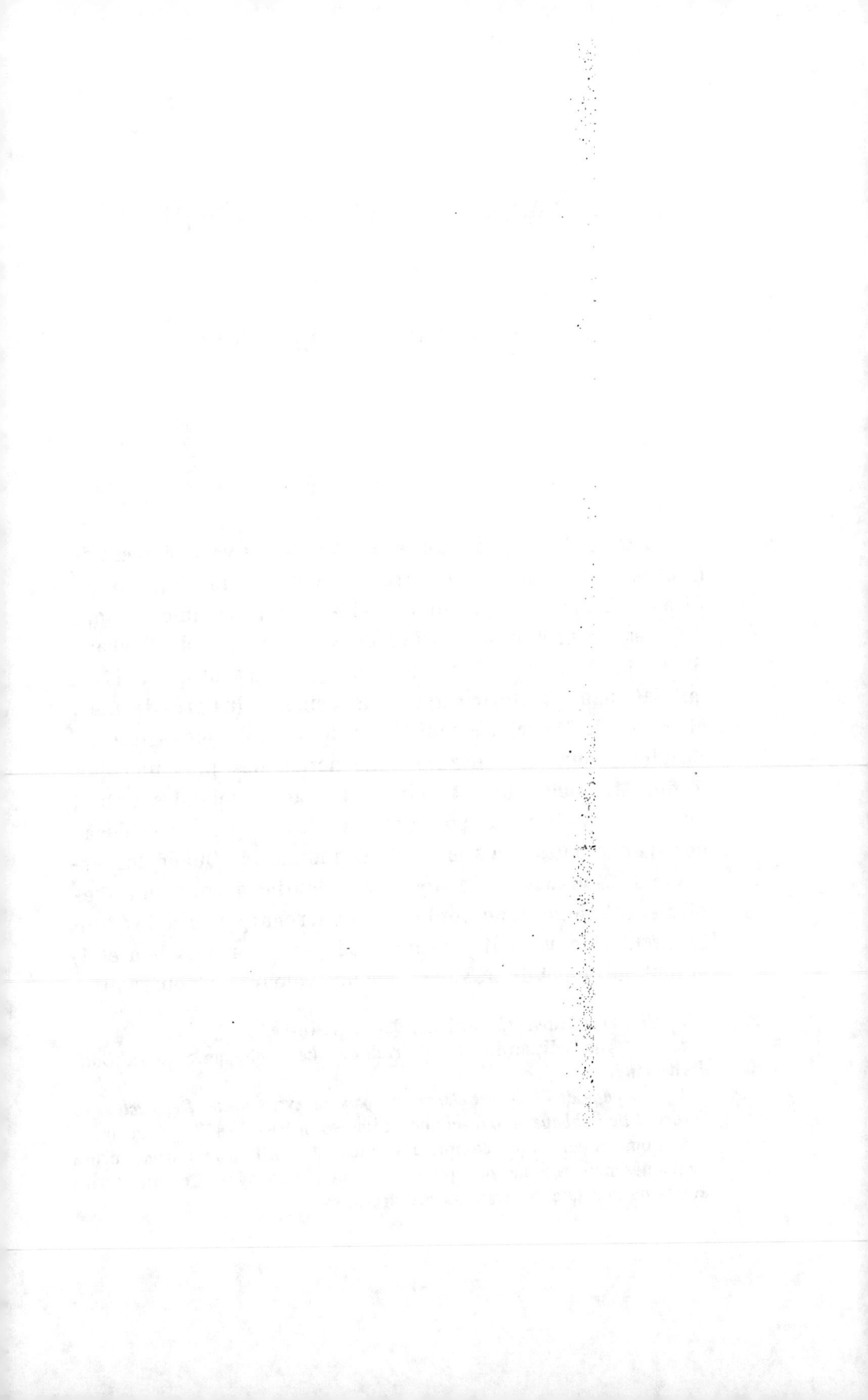

L'ABBAYE SAINT-MARTIAL

DE LIMOGES

A PROPOS D'UN LIVRE RÉCENT

———

L'histoire du clergé régulier de l'ancien et vaste diocèse de Limoges commence à nous être connue. Dès le XVIIe siècle, Etienne Baluze, précurseur en cette matière comme en tant d'autres, reconstituait patiemment les annales de l'abbaye Saint-Martin de Tulle, et son livre, qui ne parut qu'en 1717, fait date dans l'historiographie limousine [1]. Plus près de nous, M. Maximin Deloche a fouillé tout le passé du monastère de Beaulieu pour lui consacrer une notice des plus neuves [2]. Enfin, M. Louis Guibert, dans des pages éloquentes autant que substantielles, a exposé l'origine, les progrès et la décadence de la puissante abbaye de Grandmont [3]. Quand les abbayes de Solignac, de la Règle, du Moutier-d'Ahun, d'Aubepierre, d'Aubignac, de Bonlieu et d'Uzerche (parmi celles dont les archives nous sont parvenues en plus ou moins bon état) auront été l'objet de travaux de même valeur [4], on pourra dire,

1. *Historiae Tutelensis* libri III. Paris, gr. in-8°.
2. En tête de l'édition du *Cartulaire de Beaulieu*, 1859, pp. XIII-LIX (*Coll. des doc. inéd.*).
3. *Une page de l'hist. du clergé français au* XVIIIe *siècle. Destruction de l'ordre et de l'abbaye de Grandmont.* Limoges et Paris, 1877, gr. in-8°.
4. Nous ne tenons pas compte des articles du *Gallia christiana*, encore moins des notices modernes qui concernent ces abbayes. Les uns et les autres ne sont que des travaux préparatoires.

sans exagération, qu'une page nouvelle a été ajoutée à l'histoire de notre province.

Il y manquerait cependant le souvenir de Saint-Martial de Limoges, qui a tenu une si grande place dans le passé et qui offre maintenant, grâce à l'abondance et à l'ancienneté de ses archives, tant d'enseignements aux esprits réfléchis. Or, c'est précisément ce souvenir que M. Charles de Lasteyrie vient de nous rendre[1], en racontant toute l'histoire de la célèbre abbaye. Puisé aux bonnes sources, abondant et précis, son récit est des mieux conduits. L'intelligence des faits y est indéniable, la critique en est suffisante, l'indépendance du jugement absolue. Certes, l'ouvrage fait honneur à la jeunesse de l'auteur. Quelques erreurs de faits[2], quelques négligences de style,

1. *L'abbaye de Saint-Martial de Limoges. Étude historique, économique et archéologique, précédée de recherches nouvelles sur la vie du saint.* Paris, Picard, 1901, gr. in-8°, xviii-509 pages chiffrées et neuf planches.

2. Nous en relèverons quelques-unes en vue de la seconde édition à laquelle ce livre semble appelé. P. xiii, l. 16, au lieu de x*e* *siècle*, corr. ix*e* *siècle*. — P. xvi, ligne 20, au lieu de *l'abbé* Ardant, corr. *Maurice* Ardant. — P. xiii, l. 5, et p. 56, n. 6. *Le manuscrit de 1638* a été compilé, non pas au xv*e* s., ni même sous François I*er*, mais sous Louis XIII. Il n'est, à la vérité, que la continuation d'une compilation plus ancienne, due à Jean de Lavaud qui travaillait au temps de Charles IX. Voy. *Annales du Midi*, t. I, p. 518. — P. 35, l. 25. Saint Éloi naquit non à Limoges, mais à Chaptelat. — P. 61, l. 7, au lieu de *aujourd'hui*, corr. *depuis 1790* — P. 62, l. 40, au lieu de *portée*, corr. *caractère*. — P. 101, l. 9, au lieu de *Saint-Pierre-du-Queyroix*, corr. *Saint-Michel-des-Lions*. — P. 105, l. 4, au lieu de *Geoffroy Plantagenêt*, corr. *Henri*. — P. 113, n. 6. Le château fort de Chalucet n'est pas sur la Brionne, mais sur la Briance; il n'est pas dans la commune de Boisseuil (p. 490), mais dans la commune de Saint-Jean-Ligoure. — P. 159, l. 1, au lieu de *archevêque de Grenoble*, corr. *évêque*. — P. 164, l. 7 du bas, au lieu de *1583*, corr. *1483*. — P. 164, n. 7, au lieu de *1382*, corr. *1482*. — P. 169, n. 3, au lieu de *Montjovis*, corr. *Montjauvy*, en dépit du *Dict. des Postes*. — P. 180, l. 3. C'est seulement en avril 1559 que Jeanne d'Albret, au dire de ses biographes, fit pour la première fois acte d'adhésion au protestantisme. Il est donc douteux que sa visite de 1556 à Limoges ait pu contribuer aux progrès du parti protestant dans cette ville. Les chroniques locales n'en disent mot. — P. 183, n. 3. Le collège de Limoges n'a jamais été placé sous la protection de saint Martial. — P. 193, l. 12. Quoi que semble dire le document cité, la basilique de Saint-Martial n'était sûrement pas église paroissiale. Voir les pouillés

des répétitions inutiles n'en sauraient diminuer la valeur aux yeux de ceux qui savent que l'infaillibilité n'est le privilège d'aucun historien. Et quant aux lacunes qu'on y peut constater, le présent mémoire a pour objet de les combler, afin que rien ne soit enlevé à notre abbaye de ce qui lui appartient légitimement en propre[1].

du diocèse. — P. 194, n. 1, au lieu de *Etats provinciaux*, corr. *Assemblée provinciale*. — P. 218, l. 5, au lieu de *chambrerie*, corr. *chantrerie*. — P. 230, l. 8 du bas, au lieu de XIIe *siècle*, corr. XIIIe *siècle*. — P. 264, l. 4, au lieu de *la remise d'un cens qu'elle sollicitait*, corr. *une remise de cens qu'elle sollicitait*. — La communauté des prêtres de Saint-Martial a-t-elle été instituée par Isambert à la fin du XIIe siècle (p. 247, l. 5), ou par Hugues de Brosse au commencement du XIIIe (p. 230, l. 8 du bas)? — P. 272, l. 4 du bas. Rosier n'était pas une prévôté du Haut-Limousin, mais un prieuré du Bas-Limousin. — P. 280. La note 3 appartient à la page 281. — P. 400, n. 3. Avant la Révolution, Tarn n'était pas de la paroisse d'Aixe, mais au contraire église matrice et chef-lieu d'une paroisse distincte, dont Aixe n'était qu'une annexe. Voir le pouillé de 1773.

1. Dans la longue bibliographie qui occupe les pp. XV-XVIII, je ne vois pas figurer divers écrits qui méritaient au moins une mention : le chanoine Jean Bandel, *Traité de la dévotion des anciens chrétiens à saint Martial* (Limoges, 1638, 2e édit. 1658); Gilles Le Duc, *Etat du clergé et du diocèse de Limoges*, 1702, publié par l'abbé Lecler. Consacre cinq pages à saint Martial. — [Le P. Léonard Nadaud.] *Pouillé du dioc. de Limoges*, 1773, édité par l'abbé Lecler. Contient une notice sur la collégiale de Saint-Martial. — Abbé Bullat. *Tableau eccl. et relig. de la ville de Limoges en 1791*, édité par l'abbé Lecler. Consacre dix-sept pages à la collégiale. — Jules Quicherat, *Observ. sur la borne milliaire d'Ahun et sur la légende de saint Martial* (*Bull. Soc. des antiq. de France*, 1870, et *Mélanges d'arch. et d'hist.*, I, 363). — Abbé Meissas, *Observ. sur un récent mémoire de M. l'abbé Arbellot*. Paris, 1881. — Pierre Laforest. *Limoges au* XVIIe *siècle*, 1862, pp. 229-256. — A. Leroux, *Invent. des arch. hospit. de Limoges*. Série II suppl., fonds de l'hôpital Saint-Martial, 1887, 12 p. in-4°. Aiderait à développer la notice consacrée par M. de L. audit hôpital, pp. 213 et 311. — Le P. Dreves, *Prosarium Lemovicense*. Leipzig, 1890. (Nous en parlerons plus loin.) — Abbé Lecler, *Etude sur les cloches du dioc. de Limoges* (dans le *Bull. de la Soc. arch. du Limousin*, t. XLIX). Reproduit plusieurs inscriptions provenant de Saint-Martial.

En parlant de la primatiale de Limoges au XIe siècle (p. 77), il eût été bon de rappeler que la Chronique d'Etienne Maleu (p. 14 de l'édition Arbellot) donne une liste des *archevêques* de Limoges, depuis saint Martial jusqu'à Simplicius qui vivait au VIIIe siècle. — A propos de la chronique d'Adémar de Chabannes (p. X, n. 1), il n'eût pas fallu laisser ignorer au lecteur l'édition critique donnée par M. J. Lair en 1899. — En suspectant

Sur quelques autres points encore, par la manière un peu
indécise dont il tranche certaines questions, ce livre ne satis-
fait pas complètement l'esprit. Je le répète : les renseignements sont copieux et généralement bien établis, mais l'auteur en a négligé quelques-uns et il n'a point toujours médité
les autres comme il convenait de le faire.

I.

Parlons d'abord de la légende du saint et de ses effets. Ce
sera prendre d'emblée une idée exacte de l'esprit qui a présidé
à la fondation et au développement de l'institution qui nous
intéresse.

« Une légende est, de sa nature, légère et mobile; si elle
reste en l'air, elle s'expose à être balayée par tous les vents
et risque, après quelques années, de se dissiper et de se perdre.
Elle a besoin pour vivre de s'appuyer sur quelque chose qui

---

l'identification de Maldamnat avec Baluze (p. 3, n. 1), il eût convenu de
renvoyer à un article des *Annales du Midi* (1889), *Une œuvre de Baluze
oubliée*, où l'identité est surabondamment démontrée, ainsi que celle de Bon-
nefoy avec le chanoine Collin. — Aux éditions indiquées (p. 41, n. 1) de
l'*Ordo ad benedicendum ducem Aquitaniæ*, il faut ajouter celle que nous
devons à Godefroy dans son *Cérémonial français*, t. 1, 605. — La Chronique de Solignac mentionnée p. 93, n. 2 (ms. franç. 19857 de la Bibl.
nat.) a été éditée par M. l'abbé Lecler dans le *Bull. de la Soc. arch. du
Limousin*, t. XLIII. — La relation des deux passages de Charles VII à
Limoges, tirée d'un registre de la Chambrerie de Saint-Martial (p. 164,
l. 2), a été publiée non pas une fois, mais six fois, en dernier lieu dans
la *Bibl. de l'Ec. des chartes*, 1885, p. 303 et suiv. — Sur la préceptoriale
de Saint-Martial, cédée vers 1568 au collège de Limoges, on trouve tout un
ensemble de documents dans l'*Invent. des arch. dép. de la Haute-Vienne*,
série D, art. 17 et 18. — Une partie des registres de la prévôté des Com-
bes relevant de Saint-Martial subsiste encore aux Archives dép. de la
Haute-Vienne, série B, nᵒˢ prov. 3411 à 3424. Ces registres s'étendent de
1733 à 1790. — *Campus singularis*, que l'auteur n'a pu identifier (p. 47),
est aujourd'hui Champsanglard, commune du canton de Bonnat, arron-
dissement de Guéret. — L'accord de 1109 relatif à l'église de Saujon, publié p. 433, l'avait été déjà par M. C. Rivain, dans le *Musée des archives
départementales*, 1878, p. 62.

dure. Ou bien il faut qu'elle s'incorpore, pour ainsi dire, dans certains rites religieux et qu'elle en devienne une sorte d'explication : la persistance des rites conserve le souvenir du récit légendaire; ou bien elle doit se rattacher à une ville et s'insinuer parmi les fables qu'on raconte sur ses origines : c'est ce qui lui assure la plus longue durée[1]. »

Ce n'est ni à un rite ni à une ville, mais à un tombeau, desservi par une confrérie spéciale, que la légende de saint Martial s'est incorporée. Supposons que ce tombeau n'eût pas été conservé : la légende aurait pu naître, mais elle n'eût eu qu'une consistance fort légère. Supposons que la confrérie n'eût pas été instituée : la légende aurait pu naître encore, mais elle n'eût jamais été exploitée de la manière que nous savons, et le culte de saint Martial n'eût point tenu à Limoges, dans la dévotion populaire, plus de place que celui de saint Austremoine à Clermont ou de saint Ursin à Bourges.

Nous sommes donc en possession de trois éléments qui ont fait le renom du premier évêque de Limoges : un fait historique, sa venue dans notre ville, au milieu du IIIe siècle, pour y prêcher l'évangile; un tombeau dont l'identité, discutable pour nous[2], ne l'était pas pour les pèlerins du temps; enfin, une confrérie intéressée à développer le culte posthume du saint qu'elle gardait jalousement. A développer, dis-je, car en pareille matière l'immutabilité n'est point possible; une croyance qui ne grandit pas est une croyance condamnée à périr.

Les étapes de ce *processus* sont aisées à établir. Il ne s'agit d'abord, aux yeux des pèlerins du IVe siècle, que de vénérer les os du premier missionnaire envoyé de Rome pour évangéliser les Lémovices. Plus tard seulement la vénération se change en prière et Martial est considéré comme un interces-

1. Gaston Boissier. *La légende d'Énée* (dans *Nouv. promenades archéolog.*, 2e édit., pp. 144-145).

2. Il est fort possible que ce tombeau ne fût originairement qu'un cénotaphe quelconque, puisqu'en l'année 1130 on prétendit avoir retrouvé ailleurs le chef du saint. (Voy. M. de L., p. 96.)

seur auprès de Dieu. Même l'institution de la confrérie ne
suivit que d'assez loin sans doute cette première transformation de la dévotion populaire. Il ne serait point légitime en
tout cas de supposer sans preuves que le tombeau devint, dès
le IIIe siècle, le rendez-vous de pèlerins étrangers, encore
moins l'objet d'une garde spéciale. Ni les mœurs ecclésiastiques du temps, ni les lois de l'empire romain n'autorisent
cette double supposition antérieurement au concile de Nicée.
Pèlerinage, adoration, confrérie nous transportent nécessairement à la fin du IVe siècle pour le moins, et peut-être même
au Ve. C'est même cette dernière date que notre auteur semble préférer (p. 33), et il est, je crois, dans le vrai.

Quatre siècles environ s'écoulent, durant lesquels aucune
transformation essentielle, quoi qu'on ait dit, ne s'opère dans
l'état de choses que nous venons de constater. Le culte des
foules pour saint Martial de Limoges continue de s'affirmer,
mais il est éclipsé dans le reste de l'Aquitaine par celui
qu'elles rendent à saint Martin de Tours. Pour promouvoir le
premier et lui faire produire les effets désirés, il ne fallut rien
moins que la renaissance intellectuelle du temps de Charle-
magne, d'où procéda un réveil des études historiques. On
s'enquit des origines de la société au milieu de laquelle on
vivait; on entrevit à travers d'épaisses ténèbres tout un passé
de grandeur et de gloire : l'Empire romain dans l'ordre des
choses politiques, l'Eglise apostolique dans l'ordre des choses ecclésiastiques. De cette constatation d'un passé si différent au désir d'y rattacher le présent, il n'y avait qu'un pas
qui fut vite franchi si, comme le suppose M. de L. avec une
grande apparence de raison (p. 13), la première *Vie de saint
Martial* fut composée aux environs de l'an 800.

Sous l'action de ce renouveau des esprits, tout se transforme en moins d'un siècle dans l'histoire que nous étudions.
A la modeste confrérie de clercs que nous avons rencontrée,
se substitue, vers la fin du VIIIe siècle, un chapitre de chanoines réguliers, transformé bientôt en abbaye de moines. Dès
lors, la tradition historique qu'avait recueillie Grégoire de
Tours est peu à peu remplacée par la légende de saint Mar-

tial apôtre du ɪ^{er} siècle, et à l'étroite crypte du ve siècle se superpose vers 852 une basilique latine qui s'ouvre toute grande aux foules du dehors.

Il faut croire que le succès suivit ces innovations, car, moins de deux siècles après, une tentative analogue à la précédente se produisit pour accélérer encore, si possible, l'allure des pèlerinages. Dans les dernières années du xe siècle ou les premières du xɪ^e (on ne saurait préciser davantage), un moine de Saint-Martial, peut-être le fameux Adémar de Chabannes¹, reprit en sous-œuvre, sous le nom d'Aurélien, la légende en cours et lui donna des développements tels que le premier évêque de Limoges passa du même coup au rang des plus illustres serviteurs de l'Eglise : disciple immédiat du Christ, proche parent de saint Pierre, premier apôtre de l'Aquitaine, etc., etc. Et les foules d'accourir, et les dons de pleuvoir, et les miracles de se multiplier. Comme précédemment, le développement donné au fait historique fut suivi d'un agrandissement du tombeau de saint Martial et d'une transformation de la congrégation. La basilique carolingienne devint en 1028-1053 une somptueuse basilique romane qui, à travers maintes retouches, a subsisté jusqu'à la Révolution, et les moines de la première observance furent placés en 1032 sous la règle de Cluny.

Un fait historique qui dégénère en légende, un tombeau qui grandit peu à peu aux proportions d'une basilique, une confrérie de quelques clercs qui se transforme en une abbaye de plus de cent moines : tels étaient, à la fin du xɪ^e siècle, les résultats, sensibles pour nous, de l'action des moines « mettant leur piété au service de leur orgueil », suivant la forte expression de M. de Lasteyrie (p. 13). Ces résultats s'affirmèrent triomphalement pendant tout le xɪɪ^e siècle par la foi des populations en la légende, l'affluence des pèlerins au tombeau, la prospérité de l'abbaye, mais commencèrent, dès le

---

1. C'est du moins le nom que propose M. l'abbé Duchesne dans son remarquable mémoire sur *Saint Martial de Limoges* (Voir les *Annales du Midi*, 1892, p. 330). Mais M. de L. repousse cette conjecture pour des raisons assez plausibles (p. 15).

XIIIe siècle, à ne plus porter tous leurs fruits. Et cependant la légende restait intacte, le tombeau demeurait un but de pèlerinage et les moines n'avaient qu'à recueillir les revenus des fondations dont ils avaient été comblés pendant trois siècles. Par quels motifs expliquer le déclin, qui commence peu après le règne de Philippe-Auguste dans l'histoire de l'abbaye de Saint-Martial?

Ces motifs sont complexes. Ceux d'ordre économique ont été fort bien mis en lumière par le nouvel historien de Saint-Martial; nous ne nous en occuperons donc pas. Par contre, nous tâcherons d'expliquer pourquoi les pèlerins se firent plus rares dès le XIIIe siècle, et par conséquent plus rares aussi les dons manuels et les fondations de rentes.

Il n'y a pas à supposer que la foi en la légende aurélienne ait été même attaquée. D'ailleurs, l'attaque se fût-elle produite qu'elle n'eût pas exercé sur la foule plus d'effet qu'elle n'en exerce de nos jours, venant de M. l'abbé Duchesne, sur la confrérie encore existante du « Grand saint Martial ». Je ne vois qu'une explication plausible à la diminution des pèlerinages. Les moines avaient épuisé dès le XIIe siècle tous les moyens dont ils pouvaient disposer pour rehausser la gloire de leur patron. Il n'y avait plus à trouver mieux et dès lors il n'y avait plus à espérer de la masse des fidèles un nouvel éveil de curiosité ni un nouvel élan de ferveur. De même qu'en politique un principe n'agit plus si la conception n'en est renouvelée par quelque côté, de même une croyance reste inerte quand elle n'est point rajeunie de quelque manière. Et cela est si vrai en ce qui touche la légende de saint Martial, que le XVIIe siècle lui-même, où pourtant les dévots de l'apôtre d'Aquitaine abondèrent, ne réussit pas à rendre au grand sanctuaire de Limoges son renom d'antan. Ni le zèle de la « Grande confrérie », ni les lourds in-folios de Bonaventure de Saint-Amable, ni le soin que prirent les chanoines de restaurer leur basilique n'y suffirent. Rien de tout cela, en effet, ne renouvelait fondamentalement le culte du saint patron de notre ville, puisqu'on demeurait sur le terrain de la tradition sans oser y rien ajouter. Or, l'humanité est ainsi faite qu'elle

se lasse à la longue des meilleures choses et même n'en conserve la substance qu'à la condition de pouvoir en tirer de
nouveaux fruits.

Un détail doit frapper dans l'histoire du culte dont nous
sondons les origines : c'est ce que j'appellerai sa concentra-
tion. En réalité, il n'a guère débordé hors de la ville de Limoges. Bernoulli affirme[1], et d'autres avant lui, que la plupart des églises, durant la période du haut moyen-âge, avaient
pour patrons des saints locaux. Or, je remarque que sur les
neuf cent-cinquante paroisses environ qui composaient les
deux diocèses de Limoges et de Tulle, à la fin de l'ancien régime[2], quarante-quatre seulement étaient sous le vocable de
saint Martial. Les neuf cent-six autres avaient opté, pour des
raisons inconnues, entre cent quatre-vingt-deux patrons différents, dont la très grande majorité était étrangère au Limousin[3]. Même parmi les nombreux bénéfices simples dépendant
de notre abbaye, six seulement étaient placés sous le vocable
de l'apôtre du diocèse[4]. Quelle explication donner de ces faits?
Ou bien les moines ont intentionnellement retenu à Limoges
le culte de leur patron pour le mieux exploiter; ou bien les
populations n'ont point su le pratiquer loin du tombeau où
reposait le saint. Si l'on se rappelle quelle extension le culte
de saint Martin de Tours a eue par toute l'Aquitaine[5], on incli-
nera à penser avec nous que la première explication est la
plus plausible.

Ce qu'il perdit en étendue, on peut croire que le culte de
saint Martial le regagna en profondeur, pour peu que l'on re-

1. *Die Heiligen der Merovinger* (Tubingue, Fribourg et Leipzig, 1900),
cité par *le Moyen-Age*, 1900, p. 392.
2. C'est-à-dire les départements actuels de la Haute-Vienne, de la
Creuse et de la Corrèze, et partie des départements de la Charente (arr. de
Confolens) et de la Dordogne (arr. de Nontron).
3. Voy. le *Pouillé du dioc. de Limoges* de 1773.
4. *Ibid.* — Quant aux localités qui portent le nom de Saint-Martial, en
dehors des départements et arrondissements précités, elles sont extrêmement rares si nous en croyons le *Dict. des Postes*.
5. Voy. sur ce point l'ouvrage de M. Lecoy de la Marche, *Saint Martin
de Tours*.

marque à quel haut degré de prospérité et de renommée il a
porté le sanctuaire où il se concentrait. Ni Notre-Dame du
Puy, ni Saint-Thomas de Cahors, ni Saint-Julien de Brioude,
ni Sainte-Foy de Conques, ni la Vierge-Noire de Rocamadour,
qui furent au moyen âge les grands lieux de pèlerinage entre
Loire et Garonne, n'ont accompli ce miracle de créer autour
d'eux un foyer de vie ecclésiastique et même intellectuelle
comparable à celui qui nous occupe. Nous aurons occasion de
le montrer plus loin.

J'ai dit précédemment que le XIIe siècle était celui où se ma-
nifestèrent principalement les effets de la légende aurélienne.
C'est vers la fin de ce même siècle que furent instituées, dans
la basilique de l'abbaye, les premières confréries de piété
qu'on ait vues en Limousin et même, semble-t-il, dans toute
la France méridionale. M. de L. en a énuméré quelques-unes[1],
après M. Louis Guibert; mais tous deux ont omis de montrer
les transformations de leur action. A l'origine, elles eurent
certainement pour but principal de rehausser le culte du premier apôtre du Limousin, et on peut, au XIIIe siècle encore,
leur attribuer ce dessein. Mais plus tard, aux XIVe et XVe siècles, celles qui s'établissent semblent destinées uniquement à
le conserver. On les multipliait à mesure qu'on sentait gran-
dir l'indifférence de la population, comme les monarchies du
XIXe siècle ont multiplié les rouages de leur gouvernement à
mesure qu'elles ont senti leur échapper l'affection ou la con-
fiance du pays. Le grand nombre de confréries que nous ren-
controns à Saint-Martial sur la fin du moyen âge n'est donc
pas, à notre avis, corrélatif d'un développement de la dévotion populaire, mais bien plutôt de sa diminution, qui du reste
est prouvée par ailleurs. En d'autres termes, les confréries des
XIVe et XVe siècles représentent le dernier effort des moines
pour retenir à leur sanctuaire une population qui, sans hosti-
lité déclarée, tendait pourtant à s'en éloigner. Il y aurait, dès

___

1. Il a omis, comme M. Guibert, la confrérie de la Nativité-Notre-Dame
qui avait été fondée, nous ne savons à quelle date, dans l'hôpital de Saint-
Martial. Nous connaissons une constitution de rente à son profit faite en
1531. (*Invent. des arch. dép. de la Haute-Vienne*, série II suppl., H. 3.)

lors, une étude à faire de leur rôle respectif et de la part qu'elles ont eue dans la perpétuation du culte de saint Martial. Leur influence pourrait se mesurer en étendue et en durée, si l'on prenait la peine de supputer, à différentes dates, le nombre des confrères et de le comparer au chiffre de la population de Limoges

Le culte du patron de l'abbaye avait si bien épuisé ses effets que la basilique s'ouvrit insensiblement à nombre d'autres saints : saint Eutrope et saint Claude, saint Crépin et saint Benoît, sainte Anne et sainte Agathe, dont les autels et les confréries devinrent, pour le principal saint, autant de causes de décadence. Ces dévotions nouvelles, inconnues à l'origine, se confondirent du reste dans une harmonique concurrence, et ainsi se prolongea jusqu'à la fin du moyen âge l'affluence des visiteurs et des pèlerins commencée au VIe siècle sous la seule action de l'apôtre d'Aquitaine.

Je ne crois pas me tromper en affirmant que la période qui s'étend de la fin du règne de Philippe-Auguste jusqu'à la sécularisation de 1535-1537 est, dans l'histoire de l'abbaye de Saint-Martial, une période très différente de la période antérieure. Pendant trois cents ans au moins, les moines n'ont plus travaillé qu'à conserver les positions si rapidement acquises par les artifices de leurs prédécesseurs.

C'est à un point de vue très analogue que j'aurais considéré la fondation des vicairies, si nombreuses au XVe siècle, et les ostensions de reliques qui ne commencent à être pratiquées périodiquement qu'après la cessation des grands pèlerinages qu'avait connus le XIIe siècle. Il est bien d'avoir mentionné ces institutions et d'en avoir recherché les origines. Il eût été mieux d'en marquer le vrai caractère et d'en interpréter le rôle historique.

Les vicairies sont moins célèbres que les confréries. Il valait la peine d'en établir le nombre et d'en scruter les intentions particulières. Deux surtout nous sont connues, qui ont échappé aux recherches de M. de L. : celle des Gautiers et celle de la Moitine. De la première, très souvent citée dans les archives ecclésiastiques du Limousin, je ne saurais cepen-

dant parler longuement, parce que l'inventaire de ses titres
est aujourd'hui propriété privée, difficilement abordable[1]. De
la seconde, je puis dire au moins qu'elle fut fondée par esprit
de dévotion en 1387, grâce aux libéralités d'un certain Pierre
Savi (*Peyr lo Savi*), bourgeois du château de Limoges. Elle
tirait son nom de dame Moitine, sa veuve, qui, par testament
de 1405, accrut la dotation primitive dans des proportions
considérables. Les titulaires se succédèrent régulièrement
jusqu'au commencement du XVIIe siècle, et leurs noms nous
sont connus presque sans lacunes. Connus aussi les revenus
que percevait cette vicairie sur douze maisons de Limoges et
divers clos des environs, et les procès qu'elle eut à soutenir
contre ses débiteurs jusqu'au jour où les Jésuites, la trouvant
à leur convenance, réussirent, par je ne sais quelles voies,
à l'unir à leur collège (1604-1614[2]).

Quant à la vicairie de Notre-Dame, instituée dans la cha-
pelle de l'hôpital Saint-Martial par Jean Teulier, couturier, et
Marguerite de la Faye, sa femme, on n'en connaît jusqu'ici
que l'acte de fondation qui est de 1514[3].

L'organisation intérieure de l'abbaye Saint-Martial fut,
dans ses lignes essentielles, celle de tous les monastères du
moyen âge. Au point de vue purement terrestre, c'est-à-dire
en tant qu'on réduit le bonheur à la satisfaction des besoins
primordiaux de l'homme, l'organisation monastique était
éminemment favorable au bien de ceux qui y entraient. Ils
y trouvaient sécurité contre les violences du dehors, suffi-
sance pour la vie du corps, considération publique, le vul-
gaire jugeant toujours sur l'habit; irresponsabilité dans la
conduite du monastère, l'abbé gouvernant tout sommaire-
ment; enfin, exemption complète des devoirs et des charges

---

1. Voy. Louis Guibert, *Les manuscrits du séminaire de Limoges : notice et catalogue*, art. 93 et 94. Cette vicairie avait été unie à l'autel de
saint Étienne. Le plus ancien acte qui s'en soit conservé est de 1380.

2. Voy. notre *Invent. des arch. dép. de la Haute-Vienne*, série D,
art. 384 à 423.

3. Voy. notre *Invent. des arch. dép. de la Haute-Vienne*, série H suppl.,
fonds de l'hôpital Saint-Martial, C. 1.

de la famille. A un point de vue plus élevé, qui était celui des fondateurs, nous rechercherons plus tard ce qu'il faut penser du régime monastique.

Examinons d'abord pourquoi ce régime, qui semble si parfaitement adapté aux nécessités du gouvernement des hommes, n'a pas duré plus qu'un autre. Il y a à cela plusieurs causes. D'abord il manquait de souplesse, de flexibilité; le principe d'autorité y était absolu, sans contrepoids, ce qui ne laissait pas d'avoir de très graves inconvénients quand l'abbé était incapable ou improbe. La hiérarchie y était stricte, sans pourtant réussir à mettre chacun à sa vraie place, en sorte que les jalousies et les compétitions se donnaient sans cesse carrière. Enfin, il s'était constitué sous l'influence de cette idée, si fausse et toutefois si répandue dans la société ecclésiastique du moyen âge, que les choses humaines sont immuables. Et, en effet, celles-ci évoluaient alors si lentement, si invisiblement, que les esprits les plus pénétrants pouvaient les croire immobiles. Quand, au bout de quelques siècles, les transformations économiques, politiques et intellectuelles auront irrésistiblement manifesté leurs effets, ce sera, dans ces petites communautés de moines qui pullulent sur le territoire, un désarroi auquel leur constitution même les empêchera de se soustraire entièrement.

De ces transformations, la première dans l'ordre des temps avait été la transformation politique qui enleva à l'abbé de Saint-Martial le gouvernement de cette partie de Limoges qu'on appelle le Château, et avec le gouvernement les profits qui en résultaient : l'ordre dans la rue, la sécurité dans la vie quotidienne, l'accord avec les bourgeois dans les relations qui s'imposaient avec les deux grands pouvoirs du temps (roi de France et roi d'Angleterre) se disputant la suzeraineté de la ville. M. de Lasteyrie a bien vu les conséquences que la constitution d'une commune de Limoges, à la fin du XIIᵉ siècle, avait eues par contre-coup dans l'histoire de l'abbaye. Il n'a pas moins bien montré celles qui résultèrent de la transformation économique, c'est-à-dire de la perturbation introduite dans les ressources des moines par la diminution du pouvoir

3

de l'argent. Dès le xiiie siècle ceux-ci s'aperçoivent confusé-
ment que les fondations perpétuelles, tout en continuant de
produire le même revenu nominal, ne rapportent plus en
réalité autant que par le passé. Et si leur ignorance conserve
encore quelque illusion à cet égard, elle sera bien contrainte,
au bout d'un siècle, de se rendre à l'évidence des faits. Tout
cela a été excellemment dit et je n'y saurais rien ajouter.
J'aurais aimé pourtant que l'auteur examinât la question de
savoir si les biens-fonds de l'abbaye, dispersés sur un sixième
de la France, n'avaient point eux aussi dépéri dès le xive siècle,
par incurie, manque de contrôle, ravage des gens de guerre
ou toute autre cause, entre les mains de ceux qui les cul-
tivaient au profit de l'abbaye. M. de L. semble croire que
le produit des redevances en nature sauva toujours nos
moines du désastre que leur présageait, dès le règne de saint
Louis, la réduction rapide de la valeur monétaire. Je crois
pour ma part qu'il y eut en Limousin, à divers moments du
moyen âge, quelque chose d'analogue à ce qui se voit plus
clairement au commencement du xviiie siècle où tant de
champs, restés en friche par faute de bras, ne rapportaient
plus à leurs propriétaires (moines, seigneurs ou bourgeois)
qu'un surcroît de charges et de procès.

J'ai présent à l'esprit, en écrivant ces lignes, le souvenir de
ce qui se passa alors aux dépens des Jésuites du collège de
Limoges. Eux aussi semblaient fort riches et l'avaient été, en
effet, pendant une bonne partie du xviie siècle, puisqu'ils
étaient arrivés à percevoir les revenus de quatre-vingt-huit
prieurés unis et à lever des redevances en nature dans plus
de soixante-six paroisses. Néanmoins je n'hésite point à répé-
ter ici ce que j'ai dit autrefois, en retraçant l'histoire de leur
maison[1] : durant la dernière phase de leur existence, de 1700
à 1762, si l'on veut, les trente ou trente-six jésuites qui régen-
taient au collège de Limoges, ont vécu d'une vie fort pénible
et fort dure, par suite de la réduction progressive non seule-

---

1. *L'ancien collège de Limoges*, en tête de l'*Invent. des Arch. dép. de la
Haute-Vienne*, série D, pp. xii et xiii (1882).

ment des revenus en argent, mais encore et surtout des redevances en nature qu'ils s'étaient procurées au cours du XVIIe siècle.

Les Jésuites, qui viennent de nous fournir un premier terme de comparaison, vont nous en fournir un second d'un autre genre. Installés au collège de Limoges en 1598, ils mirent quatre-vingt-huit ans à parfaire leur fortune territoriale, en se faisant attribuer par voie d'autorité successivement les prieurés d'Aureil (1598), d'Altavaux (1605) et de l'Artige (1686), avec les nombreux bénéfices-cures ou bénéfices simples qui en dépendaient et les biens-fonds qui en relevaient. Les moines de Saint-Martial, eux, avaient mis trois siècles et demi à constituer la leur, de 851 environ à 1200, par voie de successions héréditaires ou de donations manuelles. Les procédés sont assez différents; mais ce qui ne l'est pas moins, c'est la durée de leur action. La lenteur de l'évolution sociale du moyen âge, comparée à celle des temps modernes, se voit clairement en cette affaire, et mérite, ce nous semble, d'arrêter l'attention de l'historien.

Avant d'aller plus loin il est indispensable de considérer un instant ces petits bénéfices de campagne qui constituaient comme les colonnes de la fortune foncière de notre abbaye. Tout à la fin du XIIe siècle, les pouillés en énuméraient quatre-vingt-quatre, mais leur nombre cessa dès lors de s'accroître. M. Ch. de L. n'a point établi dans quel ordre ils échurent à Saint-Martial. Il nous apprend seulement (p. 260) que le diocèse de Limoges en comptait à lui seul plus de la moitié (exactement 47), le diocèse de Saintes, 9; celui de Périgueux, 8; celui de Bourges, 5; celui de Bordeaux, 3; celui de Rodez, 3; ceux d'Angoulême, Béziers et Die, chacun 2; ceux de Clermont, Nevers et Toulouse, chacun 1.

Mais est-ce assez préciser que de dire qu'ils étaient situés pour la plupart dans la région comprise entre la Loire et la Garonne (p. 260), des bords de l'Océan à ceux de la Méditerranée (p. 255)? Si je consulte l'excellente carte jointe au volume (pl. VII), je constate qu'il y en avait un au sud de la Garonne : Le Forneu, près Lesparre, — un autre au nord

en ajoutant aux termes ci-dessus rappelés ceux-ci plus con-
crets, plus juridiques : *et conventui monachorum ibidem
existentium.* C'est la réalité des choses qui se trouve ainsi
exprimée, et elle s'accorde si bien avec l'esprit de l'institution
monastique que la formule ne variera plus. Comment dès lors
ne point qualifier d'inattendu, de révolutionnaire même, au
point de vue de la conception cénobitique, ce double fait que
dès le XIᵉ siècle, sinon plus tôt, une partie des dons des fidèles est, sous le nom de mense abbatiale, attribuée en propre au chef du monastère, et qu'au XIIIᵉ des donations sont
faites directement aux titulaires des offices claustraux? Si le
régime de communauté imaginé par les fondateurs d'ordres
religieux a si vite subi la double entorse que nous venons de
rappeler, serait-ce donc qu'il est inapplicable en fait, et que la
conception socialiste qui est au fond du monachisme, — conception exclusive de tout intérêt personnel et de toute propriété individuelle, — n'est pas plus réalisable par une société
fortement hiérarchisée comme celle des monastères qu'elle
ne l'avait été dans le milieu bien plus libre qu'étaient les églises du premier siècle? Il est facile, quand on écrit en grand
l'histoire des moines d'Occident, de glorifier et de vanter
comme une conception de haute portée sociale le principe de
la vie cénobitique. On est contraint d'en rabattre, et on
arrive à se défier, quand on étudie de près, dans le fonction-
nement d'une communauté donnée, les conséquences pratiques de ces principes. Les moines du XIIIᵉ siècle n'échappè-
rent à la misère qu'en renonçant à l'un des principes essentiels de leur organisation primitive.

 Cette renonciation eut cet effet que les principaux dignitai-
res du monastère, intéressés maintenant à la prospérité de
leurs services respectifs, surent trouver en quelques années les
ressources qui manquaient pour entreprendre ou achever les
constructions considérables que l'abbaye se permit au XIIIᵉ siècle. Jamais les moines de Saint-Martial n'ont tant, si vite et
si richement construit qu'au temps de saint Louis, et M. de L.
a bien fait de remettre en lumière tous les grands travaux qui
furent alors exécutés. Ils sont la démonstration probante de

la prospérité financière que sut retrouver l'abbaye après plusieurs années de crise. Seulement, comme nous savons que les fondations de rentes avaient à peu près cessé, que les dons manuels des pèlerins se faisaient plus rares, que les redevances en argent produisaient moins, il fallait bien nous demander par quels moyens nouveaux les moines trouvèrent les capitaux dont ils avaient besoin. Le retour au principe de l'intérêt individuel fut, si nous voyons juste, l'un de ces moyens et non le moins efficace. Ce que l'abbaye ne recevait plus en tant que communauté, les officiers claustraux surent l'obtenir en tant que personnes civiles[1]!

1. Sur quelques points encore, où il y a lieu à discussion, je me permettrai de présenter à M. de L. diverses observations. N'y a-t-il pas quelque contradiction par exemple à nous dire que saint Alpinien mourut *au moment de traverser les Alpes* (p. 11, n. 1), plus loin *en traversant les Alpes* (p. 12, l. 28 et p. 21, l. 10), enfin *à Else en Toscane* (p. 13, l. 13)? — En 1854, le Saint-Siège permit qu'on continuât à honorer saint Martial comme apôtre... *cultus ut apostoli.* M. Arbellot traduisait *comme ayant été apôtre*; M. de Lasteyrie *comme s'il avait été apôtre* (p. 3). J'incline à croire que M. Arbellot avait bien saisi la pensée de la bulle. — P. 101. Vers 1885, M. Ranson étant maire de Limoges, la municipalité s'est démise de la prérogative qu'elle avait conservée jusque-là de posséder une des clefs de la châsse de saint Martial. — P. 199, n. 1. Tout en rappelant qu'on a élevé un théâtre sur l'emplacement exact de la basilique de Saint-Martial, M. de L. a le bon esprit de n'en pas faire, comme tant d'autres, un grief à « l'esprit moderne ». La vérité c'est que le projet de construction d'un théâtre en cet endroit fut présenté, pour la première fois, en 1820 par une municipalité monarchiste. Voy. sur ce point longtemps ignoré l'*Analyse des actes et délibér. de l'Admin. municip. de Limoges*, par M. C. Benoist, fasc. II, p. 40. — P. 217, l. 4. Ce n'est pas dans le bâtiment de l'hôpital Saint-Martial, mais dans ceux de l'hôpital Saint-Gérald que fut établi en 1659 l'Hôpital général de Limoges. — P. 282, l. 2, M. de L., s'appuyant sur un document émané du Conseil des finances, parle de l'acquisition faite par le roi en 1729 de l'Hôpital général *sous la féodalité* de l'abbaye Saint-Martial. L'expression ne signifie rien. Il faut probablement corriger par *dans la fondalité*. D'ailleurs ce n'est pas l'Hôpital général, mais l'ancien hôpital Saint-Martial que le roi acheta en 1729 pour y établir l'hôtel des monnaies. — Est-il suffisamment démontré que « les comtes de Poitiers se sont efforcés, dès le xe siècle, de faire du tombeau de saint Martial ce que les rois de France avaient fait de celui de saint Denis »? (p. 41). Le fait serait de grande importance non seulement pour apprécier l'influence exercée par la première *Vie* de saint Martial, composée vers 800, mais encore pour retrouver l'origine des pra-

II.

Il y a dans le livre que nous complétons tout un côté de l'histoire de Saint-Martial qui se trouve quelque peu écourté : c'est celui qui a trait à la vie intellectuelle, morale et religieuse des moines de l'abbaye. Ce n'est cependant ni le moins intéressant ni le moins instructif, à quelque point de vue qu'on l'envisage. J'ose affirmer par avance que c'est, à certains égards, le plus neuf que l'on pût montrer à la plupart des lecteurs. Les pages qui suivent justifieront, je crois, mon assertion.

Les moines de Saint-Martial possédaient à la fin du moyen âge une bibliothèque de quatre cent-cinquante manuscrits, la plus riche que l'on rencontrât dans aucun monastère de

mières relations des comtes de Poitiers avec Limoges. C'est en 918 seulement que ces comtes (que le traité de Saint-Benoît-sur-Loire de 845 avait faits duc d'Aquitaine, c'est-à-dire seulement du Poitou, de la Saintonge et de l'Angoumois) incorporèrent le Limousin à leur domaine. Ont-ils vraiment contribué dès lors, dans un intérêt purement humain, à l'éclosion des « légendes apostoliques »? J'en voudrais la preuve, car je ne sache pas qu'aucun de ces comtes ait été inhumé à Saint-Martial. Il est vrai que M. de L. leur prête en même temps un autre dessein, celui « d'avoir dans leurs Etats un grand pèlerinage qui leur appartînt en propre » (p. 41). Mais cette conjecture n'est pas démontrée plus que l'autre. En tout cas, l'auteur a soulevé une très intéressante question, si pourtant il ne l'a pas tout-à-fait résolue. — P. 333, l. 8. Nous lisons qu'en 1521 on joua à Limoges « l'aspre *Passion de N.-S. J.-C.* », pour « augmenter la foi catholique ». Ce sont les expressions mêmes du *Registre consulaire* (I, 108) que M. de L. croit compléter légitimement en ajoutant « ...menacée par les huguenots ». Or, la plus ancienne mention des luthériens qui ait été relevée jusqu'ici dans un document d'origine limousine est de 1533 (*Arch. hist. du Limousin*, I, 297), postérieure de douze ans au texte du *Registre consulaire*. Je crains bien que M. de L. n'ait donné une interprétation qui n'était pas dans l'esprit des chroniqueurs de 1521. — Parlant (p. 491) du cérémonial qui eut lieu pour l'installation du dernier abbé de Saint-Martial, Jean de Maussac, on nous renvoie au procès-verbal qu'en publia la *Feuille hebdom. de la Génér. de Limoges* (18 mai 1785), sans remarquer que cette gazette ne fait que traduire en français l'article 2 du *Cérémonial* ancien de la collégiale. Il n'y eut, je crois, rien d'innové au profit de Jean de Maussac.

France, celui de Cluny excepté. M. Ch. de Lasteyrie a pris la
peine de noter à quels siècles remontait la composition de ces
manuscrits : cinq appartenaient au IXe siècle, dix au Xe, cin-
quante au XIe, quarante-cinq au XIIe, quarante au XIIIe, trente
au XIVe et vingt au XVe. Le malheur est que nous n'atteignons
ainsi qu'un total de deux cents manuscrits, qui est celui de la
collection au moment où elle fut vendue à la bibliothèque du
roi en 1730[1]. Nous ne connaissons pas encore, nous ne connaî-
trons peut-être jamais ni la date ni le contenu de tous ceux
qui ont disparu. Lacune extrêmement fâcheuse puisqu'elle
frappe de nullité toutes les considérations qu'on est tenté de
faire sur la composition ancienne de cette collection.

D'où provient la disparition des deux cent-quarante-six
manuscrits en déficit? Est-ce le vandalisme révolutionnaire
qu'il faut accuser, selon la tendance habituelle à quelques écrivains que n'arrête même pas l'anachronisme? Est-ce celui des
gens de guerre huguenots, lesquels n'ont jamais ravagé Limoges? — Ces deux causes écartées, le fait de la déprédation
subsiste, et nous savons qu'elle a porté principalement sur les
manuscrits de l'antiquité classique, puisque nous n'en retrou-
vons pas un seul dans le catalogue de 1730. Celui du XIIIe siècle enregistrait pourtant les œuvres de César, Suétone,
Trogue Pompée et Josèphe parmi les historiens; de Virgile,
Juvénal, Térence, Claudien et Lucain parmi les poètes; de
Cicéron, Sénèque et Pline parmi les philosophes et les moralistes.

Y a-t-il perte irréparable ou simple disparition? Dans le
second cas pourra-t-on jamais reconnaître, dans les grandes
bibliothèques d'Europe, où ils logent peut-être[2], les manus-

---

1. Exactement deux cent deux ou même deux cent quatre manuscrits,
suivant que l'on tient compte ou non de quelques unités. Voy. la réim-
pression de ce catalogue, faite par M. L. Delisle, dans le *Bulletin de la
Soc. arch. du Limousin*, t. XLIII, p. 1 à 60.

2. Dix-sept sont entrés à la Bibliothèque nationale par diverses voies
et à diverses dates. Le Sanctoral de Bernard Gui est à la bibliothèque de
Tours, la collection des lois germaniques à la Vaticane, un recueil de
copies et de notes d'Adémar de Chabannes à Leyde, un recueil des ser-
mons du même à Berlin, un bréviaire du XIVe ou XVe siècle à la biblio-

crits provenant de Saint-Martial de Limoges? Ce sera en tout
cas chose assez difficile, car les marques extérieures de propriété faisant défaut, c'est uniquement par l'étude minutieuse
de la graphie, quand les études comparatives de ce genre
seront plus avancées, qu'il y aura chance de restituer à notre
abbaye une part de ce qui lui revient historiquement.

Est-ce trop donner à la conjecture que d'imputer aux col-
lectionneurs, aux érudits du XVIe siècle, la plupart des déprédations que nous venons de constater[1]? N'est-il point probable qu'à la faveur de l'extrême relâchement qui régnait alors
à Saint-Martial, les amants passionnés de l'antiquité se sont
approvisionnés à Limoges des manuscrits à leur convenance,
ou, si l'on préfère, pour mettre les choses au mieux, les ont
payés à vil prix aux moines trop besogneux alors pour dédai-
gner cette source de profits ou trop ignorants pour s'intéres-
ser encore à leur bibliothèque[2]? Il y avait en ce temps là par
toute la Guyenne assez d'humanistes en quête des manuscrits
de l'antiquité pour que notre conjecture, toute dénuée de
preuves qu'elle soit, paraisse recevable : Marc-Antoine Muret
et Siméon Duboys à Limoges même, Scaliger à Agen, Domi-
nicy à Cahors, et tant d'autres à Toulouse, à Bordeaux, à Poi-

thèque de Limoges. Il reste encore deux cent vingt-quatre manuscrits à
retrouver. (Voy. L. Delisle, *Bull. de la Soc. arch. du Limousin*, XLIII,
p. 17. Cf. *Notice sur les mss. orig. d'Adémar de Chabannes* par le même,
dans les *Not. et extr. des mss. de la Bibl. nat.*, t. XXXV, 1re partie.)

1. Nous disons *la plupart*, car il résulte de la bulle d'Eugène IV,
24 nov. 1435, publiée par M. de Lasteyrie (p. 440-441), qu'à cette date,
des gens de guerre passant par Limoges avaient ravagé les archives de
l'abbaye et emporté des manuscrits (*libros, litteras autenticas, instru-
menta publica..... tenere et maliciose occultare et occulte detinere pre-
sumunt.*)

2. Nous savons, par exemple, de science certaine, que Messire de la
Charlonnye, juge-prévôt d'Angoulême dans la seconde moitié du XVIe siècle, possédait un manuscrit provenant de Saint-Martial et contenant :
1o la *Chronique* du Pseudo-Turpin racontant l'histoire du roi Agolant;
2o l'*Origine des François* par Me Raoul de Presles, « du temps du roy
Charles Ve, où sont cités les chroniqueurs Hélinand, Bernard Guidonis,
Guillelmus Armoricanus et Hugues de Saint-Victor ». (Voyez l'*Etude
critique... que nous citons plus loin, t. I, p. 512 des *Annales du
Midi*)

tiers, qui tous connaissaient de réputation la richesse de la collection de Saint-Martial. Et s'ils oublièrent ou dédaignèrent quelques-uns des manuscrits existants, on peut tenir pour certain que le chanoine Jean de Cordes, au début du xviie siècle, en sut bien faire son profit[1].

Il semblerait que, sous l'action de l'universelle curiosité qui se manifeste à partir du xvie siècle, les chanoines de notre collégiale eussent dû explorer eux-mêmes une partie au moins des trésors accumulés par leurs prédécesseurs. C'est en vain toutefois que nous avons cherché quelque témoignage en ce sens, de 1537 à 1790, et nous sommes réduits à faire un mérite à ces chanoines prébendés de n'avoir point fermé à de plus curieux les portes de leur bibliothèque. Grâce à leur esprit de largeur, ou d'indifférence, un procureur au présidial de Limoges, Jean de Lavaud, fut autorisé, entre 1563 et 1565, à dépouiller les anciennes chroniques du monastère pour son *Recueil des antiquités de Limoges*, le premier travail de ce genre que puisse citer l'historiographie limousine moderne[2]. Une soixantaine d'années plus tard, un chanoine de la cathédrale, Jean Bandel, puisa aux mêmes sources pour développer l'œuvre de Lavaud et composer par surcroît un *Traité de la dévotion des anciens chrétiens à saint Martial*[3]. Puis ce fut le tour du P. Labbe et peut-être aussi de Baluze de demander accès à la bibliothèque de Saint-Martial, pour approvisionner leurs vastes recueils de documents. De

1. De Cordes (qu'on écrit aussi quelquefois Descordes), né à Limoges en 1570, devint vers 1623 chanoine de la cathédrale de cette ville, et se fixa à Paris en 1632. Sa bibliothèque, fort riche pour l'époque, fut achetée à sa mort par le cardinal Mazarin. Les manuscrits passèrent ensuite à la bibliothèque du roi ; quant aux ouvrages imprimés ils forment l'un des fonds primitifs de la Mazarine. De Cordes avait commencé sa bibliothèque en achetant celle de son compatriote Siméon Duboys (*Biogr. des hommes ill. du Limousin*, p. 145).

2. Sur l'œuvre de Lavaud et de Bandel et leurs procédés de composition nous nous permettons de renvoyer, pour plus de détails, à notre *Étude critique sur les Annales françaises de Limoges* (xvie-xviie siècles), publiée dans les *Annales du Midi*, t. I et II.

3. La première édition est de 1638. L'abbé Texier en a donné une réédition en 1858. (Paris et Limoges).

1656 à 1683, le fameux et trop crédule Bonaventure de Saint-Amable composa sa copieuse *Histoire de saint Martial*, en trois volumes in-folio[1]. Il n'y a point de doute que les manuscrits et les chartes de la collégiale lui fournirent la matière principale de son œuvre[2], puisque aussi bien aucun des chroniqueurs limousins, sauf Adémar de Chabannes, n'avait encore vu le jour. Puis vinrent les Mauristes qui demandèrent accueil à nos chanoines non seulement pour la préparation du *Gallia christiana*, mais encore pour celle du *Recueil des historiens des Gaules et de la France* et de l'*Histoire littéraire* du moyen âge. Leur exploration n'était pas encore terminée que nos chanoines, — sans avoir jamais, au su de la postérité, exploité eux-mêmes les trésors de leur « librairie », — entamaient avec la bibliothèque du roi les négociations que M. de L. a spirituellement racontées (p. 335) et qui aboutirent à la vente des deux cent-deux ou deux cent-quatre manuscrits subsistants.

Les chanoines de l'abbaye sécularisée réservaient sans doute tous leurs loisirs à l'étude des volumes imprimés. Examinons donc de quoi se composait au juste cette autre collection.

Les derniers temps de l'abbaye avaient été si misérables qu'il est douteux que les moines se soient mis en frais pour acquérir les livres sortis des presses de Lyon, de Paris ou d'ailleurs entre 1460 et 1535. Par contre, nous devons supposer *a priori* que la collégiale qui succéda à l'abbaye et en restaura le temporel, s'imposa quelques sacrifices pour posséder quelques-uns au moins des ouvrages imprimés par les procédés nouveaux. Notre conjecture se change même en

1. *Histoire de saint Martial*, 1676 et 1683, 2 vol. in-folio. Le tome III, qui parut en 1684-85, porte pour sous-titre *Annales du Limousin*, et c'est en effet une compilation chronologique de tous les documents connus relatifs à cette province.

2. « Le chapitre de Saint-Martial et celui de la cathédrale lui communiquèrent obligeamment les manuscrits précieux qui étaient conservés dans leurs archives. » (Abbé Arbellot, *Le P. Bonaventure de Saint-Amable*, dans le *Bull. de la Société arch. du Limousin*, XXV, p. 2.)

certitude si nous interrogeons les délibérations capitulaires des chanoines. Il y est question, aux années 1542 et 1545, des « livres du chœur » et des « petits livres » de la maison[1]. Mais ce sont là des ouvrages proprement liturgiques, dont le nombre put s'augmenter encore, de génération en génération, sans constituer le moins du monde une bibliothèque de lecture courante : sermonnaires, panégyristes, moralistes, philosophes, historiens, etc. De ceux-ci nous n'avons point trouvé trace[2] et nous ajoutons que Saint-Martial ne figure pas dans le relevé des communautés de Limoges qui, comme le Collège, les Grands-Carmes, les Feuillants, les Augustins, les Récollets, les chanoines de Saint-Gérald[3], virent en 1790 confisquer leurs livres au profit de la bibliothèque du district. Devons-nous conclure que les chanoines de Saint-Martial, qui restèrent totalement étrangers aux luttes religieuses du XVIe siècle, le furent également au mouvement intellectuel du XVIIe et aux querelles du XVIIIe? La conclusion serait à tout le moins imprudente. La question mérite en tout cas d'être élucidée, car les traits dont on peut marquer l'histoire de la collégiale, pendant les deux cent trente-cinq années de son existence, sont si peu nombreux qu'il serait dommage d'en effacer un seul, quel qu'il soit.

1. 27 juin 1742. « Un chanoine commis pour s'informer qui étoient ceux qui avoient perdu les livres du chœur comme les prosaires et autres. » — 3 juillet 1543. « Ordonné au commis du scribe de faire faire les clefs et de faire réparer l'armoire des petits livres. » (Extraits cités par M. L. Delisle, d'après une communication de M. L. Guibert, *Bull. de la Soc. arch. du Limousin*, XLIII, p. 24.)

2. Cependant, M. le chanoine A. Lecler, vice-président de la Soc. arch. du Limousin, que j'ai interrogé à cet égard, a pris la peine de me répondre qu'il se rappelait seulement « avoir vu quelques volumes d'histoire et d'auteurs anciens ayant appartenu aux chanoines de Saint-Martial, ainsi que l'indiquait une mention manuscrite sur la page du titre ». (*Lettre du 2 mai 1901*). Par contre, M. Fray-Fournier, qui s'est occupé de la question en inventoriant les archives révolutionnaires de la Haute-Vienne, m'affirme n'avoir jamais rencontré trace de la bibliothèque de Saint-Martial.

3. Voy. E. Ruben, *Notice histor. sur la Bibl. comm. de Limoges* (dans le *Bull. de la Soc. arch. du Limousin*, VI, 183 et sq.).

Le nouvel historien de Saint-Martial n'a point manqué d'énumérer, en tête de son livre, les chroniques monastiques qui lui ont servi à retracer les annales de la communauté. Je ne sais si cette énumération paraîtra suffisante pour l'instruction du lecteur ou, si l'on aime mieux, pour la gloire de la célèbre abbaye. N'avons-nous pas affaire ici à l'une des manifestations essentielles de la vie intellectuelle d'un monastère du moyen âge? Il y avait lieu, dès lors, de s'étendre quelque peu, dans un chapitre spécial, sur le grand mouvement d'étude qui s'est accusé à Saint-Martial, d'en rechercher les origines, de marquer entre quelles dates il se produisit.

La vérité est qu'il n'y a point eu, dans toute la France méridionale, de centre historiographique aussi important que le nôtre, et qu'il faut remonter jusqu'aux bords de la Loire, jusqu'aux monastères de Normandie, de Flandre, de Lorraine, de Bourgogne, pour trouver quelque chose de comparable. Du IXe siècle au XIIIe inclusivement, la production fut à peu près incessante, et si les noms des premiers annalistes nous sont inconnus, nous pouvons du moins citer leurs successeurs : Adémar de Chabannes, Bernard Itier, Etienne de Salviniec[1], Hélie de Breuil, dont les chroniques s'engendrent les unes les autres et constituent une source d'informations sans prix pour toute la Guyenne[2]. Encore avons-nous à regretter la perte de l'œuvre de Pierre du Barri, qui écrivait dans la seconde moitié du XIIe siècle. Après le XIIIe, le mouvement décline rapidement; il se prolonge pourtant, faible et diffus, jusqu'à la fin du XVIIe, et si ses dernières manifestations se réduisent à fort peu de chose, elles doivent être cependant signalées par contraste avec d'autres grands monastères qui ne nous ont rien transmis de l'histoire de leur temps.

---

1. M. Ch. de Lasteyrie, qui nomme deux fois ce chroniqueur (pp. XII et 133), l'appelle Etienne de Salvaniec. Il n'a pas tort, puisqu'on lit *Stephanus de Salvanhec* dans Duplès-Agier, p. 123. C'est probablement, au dire de M. Antoine Thomas, *Souvigny* en Bourbonnais.

2. On pourra consulter, pour plus de détails sur l'œuvre de ces chroniqueurs et de leurs modestes successeurs, nos *Sources de l'histoire du Limousin*, 1895, pp. 54-58.

Ces faits reconnus, il reste à les expliquer, c'est à-dire à en retrouver les causes, à montrer comment les moines de Saint-Martial purent, en effet, tenir registre des événements contemporains. Ces causes se ramènent à deux : d'abord, la position de Limoges au croisement de deux grandes routes qui, depuis le temps des Romains, menaient du nord au sud par Orléans-...Toulouse, et de l'est à l'ouest par Lyon-... Saintes; en second lieu, l'affluence des pèlerins de toute condition au tombeau de saint Martial. De ces deux causes dérivait pour les moines la possibilité d'être régulièrement informés de ce qui se passait au loin, au moins entre Loire et Garonne, dans les directions les plus opposées.

Quant au point de départ de leur curiosité et aux raisons de sa disparition, il est moins aisé d'en disserter. Si, comme le veulent quelques érudits, l'historiographie du moyen âge n'est qu'un développement de l'hagiographie, l'explication ne nous suffit pas, puisque, nous le montrerons tout à l'heure, Saint-Martial n'a probablement jamais composé d'autres *Vies de saints* que celles de son patron. Si, au contraire, nous considérons l'historiographie monastique comme un prolongement de celle de l'antiquité, nous sommes en bonne voie, je crois, pour pénétrer la cause première du fait général que nous étudions. Et cette cause, c'est apparemment qu'entre tous les manuscrits de l'antiquité qu'ils avaient recueillis dans leur abbaye, les moines trouvaient l'*Histoire ecclésiastique* d'Eusèbe († 340) et l'*Histoire profane* de Paul Orose († vers 420), qui ont été pour le moyen âge la source de toute connaissance du passé. Et de même qu'à Saint-Denis, à Fleury-sur-Loire, à Liège, à Metz, à Cluny, etc., de même à Limoges on entreprit de les continuer, soit spontanément, soit par imitation de ce qui se passait ailleurs. Le fait que l'Astronome limousin, auteur de la *Vie de Louis le Pieux*, sortait de Saint-Martial, autoriserait d'ailleurs bien d'autres conjectures.

Autant la production historiographique fut abondante et soutenue dans notre monastère, autant l'hagiographique se réduisit à peu de chose. Il se pourrait même que nos moines

n'aient rien écrit en ce genre, — sauf peut-être la *Vie* de
saint Alpinien, compagnon de saint Martial[1], — et que, satis-
faits du succès prodigieux des deux *Vies* de leur patron, ils
aient craint d'en affaiblir les effets en composant la biogra-
phie d'autres saints. Quand l'hagiographie commencera de
fleurir à Limoges au xive siècle, ce sera avec Bernard Gui, au
monastère des Jacobins. Mais la date est tardive et ce monastère n'est point celui qui nous occupe. Il subsiste donc que
Saint-Martial peut revendiquer sa part de collaboration dans
le vaste « travail légendaire » qui se poursuivit en Aquitaine
durant le haut moyen âge, et que M. l'abbé Duchesne a si
bien mis en lumière; mais il subsiste aussi que très probablement cette collaboration ne dépassa pas l'intérêt bien en-
tendu des gardiens du tombeau de l'apôtre d'Aquitaine.

Nous savons maintenant que les moines de Saint-Martial
ont marqué leur place dans le mouvement intellectuel du
moyen-âge. Nous ajouterons que cette place a été beaucoup
plus large qu'on ne l'a cru longtemps. A preuve, ce *Prosarium* de l'abbaye, que le P. Dreves est le premier à nous avoir
fait connaître, bien que quelques-unes de ses pièces eussent
été publiées déjà par Kehrein, Weale et l'abbé Arbellot.
Ce recueil de proses liturgiques a paru à Leipzig en 1890[2], et
bien qu'il ait assez peu occupé l'attention des médiévistes, il
n'est point permis à l'historien de Saint-Martial de l'ignorer.
Son contenu appartient aux xe, xie et xiie siècles et ne com-
prend pas moins de 265 hymnes tirées des tropaires manuscrits de l'abbaye. Ces hymnes sont relatives aux différentes
fêtes de l'année (97), à celles de la Vierge (17), à celles des
saints (94), au commun des saints (21, parmi lesquelles 8 trai-
tent de la dédicace de la basilique), et enfin au saint jour du
dimanche (37), total supérieur à celui qu'offre le monastère de
Saint-Gall où cependant la poésie des tropes a pris naissance.

Plusieurs des pièces fournies par le recueil du P. Dreves

----

1. Conjecture gratuite de notre part. quoique vraisemblable. M. de L.
ne se prononce pas sur ce point (p. 10).

2. 1889 d'après la feuille de tête; 1890 d'après la couverture. Ce
volume forme le tome VII des *Analecta hymnica medii ævi*.

semblent, à la vérité, d'origine non limousine; mais la plupart ont été composées dans l'abbaye même. Elles appartien-
nent au second cycle de la première époque, et — comme
celles du premier cycle, représenté par Notker, Ekkehard,
Berno, Gottschalk, Hermann de Vehringen, — elles se sont
répandues non seulement en France, mais encore en Allema-
gne et en Angleterre. Les séquences de ce second cycle, que
le P. Dreves appelle gallo-anglican, se distinguent, quant au
fond, par une conception moins profonde que la conception
mystique de Notker; quant à la forme, par une tendance plus
prononcée à l'assonance finale et par un style et une langue
des plus singuliers.

Le P. Dreves n'ose affirmer (car sa conscience d'érudit
demande des preuves qu'il n'a pas encore trouvées) que le
monastère de Saint-Martial ait été le centre principal de cette
poésie liturgique; mais il en fut certainement un des centres
secondaires, comme il sera, à la fin du XIIe siècle, un des
centres secondaires de production des séquences rimées, dont
le centre principal était l'abbaye Saint- Victor de Paris.

Il reste à signaler un dernier produit[1] de l'activité des
moines de Saint-Martial, qui a également échappé aux recherches de leur historien. Je veux parler des gouaches du XIIIe siècle que M. de Bastard d'Estang a reproduites, il y a une ving-
taine d'années[2], sous ce titre : *Histoire de Jésus-Christ en
figures, gouaches du XIIe au XIIIe siècle conservées jadis à
la collégiale de Saint-Martial de Limoges*. L'exemplaire
que j'ai sous les yeux ne contient aucune espèce d'introduc-

---

1. J'omets à dessein le *Mystère des vierges sages et des vierges folles*
(XIe s.) signalé par l'abbé Lebœuf, publié en partie par Raynouard et intégralement par F. Michel et Monmerqué (*Théâtre franç. au Moyen-âge*,
p. 3 et suiv.). Quoique provenant d'un manuscrit de Saint-Martial, l'origine de ce mystère est contestée.

2. En 1879, format in-fol. (Paris, impr. nat.) L'album compte 46 planches doubles. — L'original avait appartenu jadis à F. Didot. M. L. Delisle déclare quelque part ignorer ce qu'il est devenu. Nous pouvons affirmer qu'il était, en l'année 1896, aux mains du libraire Rosenthal (de
Munich). Celui-ci, si nos informations sont exactes, l'a vendu depuis lors
en Angleterre.

tion. Je ne saurais dire par conséquent sur quoi se fondait
l'éditeur pour attribuer ces productions à notre abbaye. Mais
M. de Bastard d'Estang était un érudit trop sérieux pour
qu'on puisse supposer qu'il a émis cette attribution à la légère.
Il y a dans son recueil de curieuses compositions, d'un dessin
très ferme et d'une inspiration très franche. Il est regrettable
que M. de L. ne les ait pas comparées à ces miniatures des
manuscrits de Saint-Martial, auxquelles il a consacré quelques pages (340 à 346). Il eût tiré de cette comparaison quelques indications nouvelles et, du même coup, ramené l'attention sur une remarquable publication dont l'examen critique
n'a pas encore été fait.

Au lieu et place de M. de L. j'aurais tenu à honneur de
mettre en lumière le côté pittoresque et populaire des solennités ecclésiastiques de Saint-Martial. Les études liturgiques
ont trouvé en France, depuis une quinzaine d'années, un
regain de faveur qui peut se justifier en plusieurs sens. Elles
fournissent, en effet, à côté du rite religieux proprement sym-
bolique, une foule d'indications dont l'historien laïque doit se
servir pour pénétrer davantage dans l'intelligence du passé,
même profane. Justement le monastère de Saint-Martial,
grâce à la riche collection de manuscrits qu'il a laissés, se
prêtait merveilleusement à une étude de ce genre. Tels le
Prosarium sancti Marcialis et l'*Ordo ad benedicendum
ducem Aquitaniæ*, que nous avons déjà cités; un *Ceremo-
niale festorum* du XIIIᵉ siècle dans les archives de l'abbaye[1];
un *Ordinarium ecclesiæ collegiatæ Sancti Marcialis*, conservé actuellement au Grand Séminaire[2]; les *Rubricæ* de
l'église Saint-Martial et de l'église Saint-Etienne[3]; un *Bre-
viarium* du XIVᵉ ou XVᵉ siècle à l'usage de l'abbaye[4]; la

1. Arch. dép. de la Haute-Vienne, fonds Saint-Martial, nº prov. 9,237.
— Nous comptons le publier prochainement.
2. Voy. M. L. Guibert, *Les manuscrits du séminaire de Limoges : notice et catalogue*, nº 90.
3. Dans dom Martène, *De antiquis ecclesiæ ritibus.*
4. Ms. nº 4 de la Bibl. comm. de Limoges. Cf. la description qu'en a
donnée M. L. Guibert au t. IX, p. 454, du *Catal. génér. des mss. des
biblioth. publ. des départements.*

Notice (ou *règlement*) *des offices de l'abbaye* au XIII° siècle[1], inspiré du reste par les *Consuetudines* d'Udalric de Cluny; le *Cérémonial* usité par les moines au XIII° siècle pour accorder la « societas » aux autres abbayes[2]; les *Officia propria* de 1783[3]; les relations qui nous ont été conservées[4] de quelques ostensions et cérémonies publiques. Tous ces documents fourniraient une ample moisson de renseignements qui, habilement mis en œuvre, pourraient devenir la matière d'un instructif chapitre de l'histoire des mœurs et des coutumes au sein de la société ecclésiastique. Ce chapitre, je ne tenterai point de l'esquisser, la compétence me manque pour cela; mais je tenais à signaler à qui de droit combien il serait aisé de l'écrire.

Si l'activité intellectuelle de quelques moines de Saint-Martial mérite de fixer l'attention de l'historien, combien plus la vie religieuse et la moralité de la congrégation tout entière, puisqu'elles étaient l'objet même de son institution, sa raison d'être et sa fin, la règle de tous et de chacun. Et cependant peu d'historiens savent s'y résoudre. Les uns, prévoyant sans doute quelque mécompte, passent à côté du sujet ou ne l'étudient que d'une manière désultoire; d'autres l'écartent de parti pris, à bon escient, et mettent tous leurs efforts à faire briller les services rendus par les religieux dans le domaine temporel. C'est la manière de Montalembert, quoique sa haute moralité scientifique n'ait célé aucune des faces du régime monastique. N'est-ce point lui qui a écrit : « Il vint un temps où l'abus l'emporta sur la loi, où l'exception écrasa la règle, où le triomphe du mal sembla irréparable[5] »? Mais les aveux de ce genre, disséminés dans son grand

1. Cité par M. de Lasteyrie, pp. 471-485.
2. Cité par M. de Lasteyrie, p. 485.
3. Limoges, in-12, 1783.
4. Voir aussi ce que dit l'abbé Bullat en 1791 des « Offices, fêtes et solennités » de la collégiale, dans son *Tableau eccl. et relig. de la ville de Limoges* (publ. par M. l'abbé Lecler dans les *Chron. eccl. du Limousin*, p. 358.)
5. *Les Moines d'Occident*, 2e édit., 1868, p. CXLII.

ouvrage sur les moines d'Occident, n'ont pas la même portée
qu'un exposé méthodique et ramassé des mœurs monastiques
du moyen âge.

Sans se rendre compte, je crois, de la gravité de ce genre
de prétérition, M. Ch. de L. n'a pas procédé autrement. Non
point qu'il taise jamais les faits délictueux ou criminels que
lui apprennent les textes (sa probité le lui interdisait), mais
il a laissé à d'autres le soin d'aborder le problème de front et
de retracer toute l'histoire morale et religieuse de Saint-Martial. Nous n'aurons garde de vouloir suppléer ici à son silence.
Il est si malaisé de saisir la réalité des choses, si facile d'errer
avec bonne foi! Nous nous permettrons seulement d'exprimer,
en toute indépendance, quelques jugements d'ensemble, que
nous a suggérés depuis longtemps l'histoire de l'abbaye en
question.

Au dire des écrivains catholiques, la perfection de la vie
morale et religieuse ne se peut guère atteindre qu'à l'ombre
du cloître, dans l'isolement du monde, la pauvreté volontaire,
la soumission aux puissances établies, l'ascétisme de la chair.
Nous n'avons point à discuter ici la doctrine, mais seulement
à rechercher si, dans les conditions que nous connaissons,
elle s'est réalisée pleinement; nous passons donc sans plus à
l'étude des faits.

Or, qu'est-ce qui frappe tout d'abord dans l'histoire interne
de l'abbaye de Saint-Martial, si ce n'est la longue suite de scandales qu'elle présente, fraudes, violences, libertinage, pratiques simoniaques, à tel point qu'on est parfois en droit de se
demander si l'on est vraiment en présence de moines chrétiens[1]? S'agit-il d'obtenir la considération publique : nos religieux, sans ombre de scrupules, forgent de toutes pièces une
prétendue vie de leur patron et en font la base du culte rendu
à saint Martial par le peuple de Limoges. Même ils récidivent
et, au bout de deux siècles, poussés toujours par la même

---

[1]. Cf. ce qu'on nous raconte, pp. 148-149, d'une attaque du monastère
de Saint-Augustin à main armée par les moines de Saint-Martial en 1321,
— et p. 137, d'une expédition des mêmes moines contre la cathédrale
en 1265 ou 1266.

ambition, ils ajoutent encore aux récits mensongers (d'aucuns disent édifiants) qui remplissent l'œuvre du premier hagiographe. Bien plus, ils placent hardiment la nouvelle légende sous le nom d'un évêque et la font déclarer authentique par deux ou trois conciles savamment abusés. Et comme le faux ne se soutient que par le faux, ils fabriquent plus tard de prétendues lettres de saint Martial aux églises de Toulouse et de Bordeaux, et une prétendue donation du château de Limoges à leur abbaye par Louis le Débonnaire. Certes, il ne manque point d'historiens pour passer condamnation sur ces faits. Mais puisque nous examinons la moralité de nos moines, nous sommes bien contraints d'apprécier leurs actes à la lumière de la morale élémentaire. Les bourgeois de Limoges, tout laïques qu'ils fussent, n'ont jamais recouru à de pareils procédés pour fonder leur commune.

S'agissait-il d'élire un abbé? Nous voyons maintes fois l'élection dégénérer en querelle et les religieux résoudre à coups de poing des différends qui eussent dû être réglés dans un esprit de fraternité et de paix. Ces luttes épiques mettent, dira-t-on, du relief sur le fond assez plat de l'histoire du monastère. C'est là jugement d'amateur, rien de plus. — Avec le temps, l'esprit de contention devint tel au sein de la congrégation qu'en 1360 elle n'entretenait pas moins de dix syndics pour ester en justice et poursuivre les procès (p. 227).

Quant au vœu de pauvreté, outre qu'il était fort relatif, puisque le vivre et le couvert étaient toujours largement assurés, les moines l'avaient complètement tourné dès le règne de Philippe le Bel en se constituant, au mépris de leurs statuts, des pécules particuliers (p. 228).

Et la règle canonique du célibat, qu'en faisaient-ils? Assurément ils l'ont respectée dans sa lettre, car les textes ne témoignent point qu'aucun d'eux ait jamais convolé en de justes noces. Mais, au risque de contrister les âmes simples et de nous attirer les reproches des cœurs vaillants, nous sommes bien obligés de dire qu'on la violait souventes fois dans son esprit, puisque les contemporains, sans penser à calomnie, nous parlent d'abbés entretenant des concubines *intra mu-*

ros. Au xvᵉ siècle, d'ailleurs, nos moines en arriveront à rejeter toute contrainte légale, tout souci de l'opinion, et ils introduiront dans le service intérieur de l'abbaye des servantes mal famées qu'un abbé moins indulgent finira par chasser (p. 230).

De ces scandales, multipliés par beaucoup d'autres, je conclus — en historien, non en théologien, — que la vie du cloître n'engendre point nécessairement la pratique des vertus chrétiennes. Ceci admis, il reste à déterminer jusqu'à quel point les faits connus sont des faits constants. Ici la question devient plus délicate, car nous ne connaissons pas de très près l'histoire interne de l'abbaye. Aux xiᵉ, xiiᵉ et xiiiᵉ siècles les documents sont rares, et même plus tard ils ne renseignent guère sur le chapitre des mœurs. Nul greffier n'a dressé acte de tous les manquements à la discipline monastique, et il ne s'est pas trouvé de Dangeau pour tenir registre de la vie quotidienne des abbés. Il nous manque même totalement ce genre de témoignage que les archives de l'abbaye de Grandmont fournissent si fréquemment : les statuts de réforme. Par leurs prescriptions minutieuses, par leurs inhibitions mêmes, ces sortes de textes sont du plus grand secours pour pénétrer dans la vie intime des congrégations monastiques. J'explique leur absence des archives de Saint-Martial non par l'absence d'abus à réformer, — ce serait d'une naïveté profonde, — mais par ce fait que notre abbaye, étant depuis 1062 soumise à Cluny, ne subissait d'autres réformes que celles qui s'appliquaient à l'ordre tout entier.

Fussent-ils dix fois plus nombreux que nous devrions encore considérer les faits scandaleux comme l'exception, sous peine d'admettre qu'une congrégation a pu vivre sept siècles en révolte perpétuelle contre l'esprit et la lettre de ses statuts. Opinion invraisemblable pour les premiers temps, — alors même que nous n'aurions pas au xiiᵉ siècle le témoignage de Pierre le Vénérable, si favorable aux moines de Saint-Martial (p. 228), — et qui ne peut être soutenue que pour le xvᵉ siècle où, en effet, toute discipline ayant disparu, les religieux transgresseront chaque jour la règle primordiale de leur institution en s'abstenant de vivre en communauté (p. 229).

En somme, si la moralité des disciples de saint Martial paraît, à certaines dates, conforme à celle qu'exige la règle monastique, ces dates sont rares. Le fait général à retenir c'est que, pas plus que leurs confrères de la célèbre abbaye de Grandmont[1], ils ne sont restés, d'une manière habituelle, fidèles à l'esprit de leur état.

Nous n'avons considéré dans les lignes qui précèdent que les moines de l'abbaye du moyen âge. Nous parlerons tout à l'heure, à propos de la sécularisation de 1535-37, des chanoines de la collégiale moderne.

Si, en ce qui touche la moralité, le monastère de Saint-Martial ne peut être cité comme modèle, le peut-il être au moins en ce qui regarde la vie religieuse? Avant de répondre à cette question, tâchons de bien préciser le sens des termes. Il importe, en effet, de ne point confondre, comme on le fait si souvent, la vie religieuse avec la vie ecclésiastique. Il y a eu de tout temps, il y a encore, et dans toutes les communions, des « gens d'église » fort peu religieux, de même qu'il y a eu en tout temps des esprits foncièrement religieux (même au sens chrétien) et pourtant libérés de toute attache ecclésiastique. La distinction, pour n'être point courante, n'a rien de subtil : elle est fondée sur l'observation des faits, particulièrement aux époques troublées de l'histoire. Or, en quoi consiste la vie ecclésiastique si ce n'est dans la participation à la vie extérieure de l'Eglise, à ses cérémonies, à ses assemblées, à ses pèlerinages? Point n'est besoin pour cela de posséder la foi. Au contraire, la vie religieuse est faite d'un ensemble de sentiments et d'idées qui en sont l'élément spécifique et que rien ne remplace. Cet élément, le retrouvons-nous dans l'histoire de l'abbaye qui nous occupe? Oui, certes, sous sa forme mystique, aux heures de célébration des offices et, pour chaque membre de la communauté, aux heures d'épreuve et de souffrance, à l'article de la mort. Non, en tant qu'état d'âme

1. Voir sur ce point le livre, déjà cité, de M. Louis Guibert, *Destruction de l'ordre et de l'abbaye de Grandmont*, particulièrement le chapitre III.

permanent et conséquent avec lui-même, si ce n'est chez un petit nombre de moines qui ne sont point sortis de l'ombre dans laquelle ils se sont sans doute complu.

Croyants, les moines de Saint-Martial l'étaient tous assurément, mais à la façon du moyen âge, où la religion s'imposait du dehors au lieu de procéder du dedans de l'homme. Plus occupés des miracles de leur saint patron que des perfections de Dieu, plus soucieux de multiplier les pratiques cérémonielles que d'avancer l'œuvre de la sanctification intérieure, ils étaient tout naturellement enclins à croire que les processions, les chants, les solennités liturgiques sont le tout de la religion. Parmi ces milliers de moines qui ont peuplé le monastère du IXe au XVIe siècle, je n'en vois pas dix que leurs confrères aient noté de sainteté et je n'en connais pas quatre qui se soient distingués par leur culture théologique. Au fond, M. de L. est de notre avis. « Les moines, nous dit-il (p. 230) avaient perdu depuis longtemps le sentiment de la vie religieuse ». La remarque est faite à propos de la sécularisation de 1535-37. Elle eût pu l'être aussi bien à tous les siècles du moyen âge féodal, à tel point que la tâche de l'historien consiste moins à déterminer les époques de décadence religieuse que les époques de ferveur et d'édification.

III.

On chercherait vainement dans l'*Histoire de l'abbaye de Saint-Martial* un paragraphe distinct sur les relations de l'établissement avec la cour de Rome. L'auteur aurait-il donc méconnu l'importance de ce sujet? Assurément non ; mais ce qu'il en touche se trouve disséminé en vingt endroits de son livre et laisse subsister plus d'un point d'interrogation. S'il eût tenté pour Saint-Martial ce que M. Louis Guibert a si bien fait jadis pour Grandmont, la reconstitution du bullaire de l'abbaye, il eût été amené à étudier de plus près les relations que nous visons. Il nous eût dit quand elles commencèrent, combien de temps elles se prolongèrent, en quelles occa-

sions elles se produisirent. Il eût examiné si l'intervention de
Rome fut provoquée ou subie par les moines, si elle eut les
effets que de part et d'autre on en espérait, si la papauté d'Avi-
gnon, qui fut si longtemps en des mains limousines, contri-
bua ou non au bien de notre monastère. Il eût montré que
l'absence de ces relations pendant la période barbare, leur
fréquence durant le moyen âge féodal, leur rareté depuis le
XVIᵉ siècle sont autant de faits certains qui s'expliquent par
la différence des temps et correspondent aux modalités de
l'action pontificale.

La présence d'une bulle dans le chartrier d'un monastère
porte, d'ailleurs, un autre enseignement. Cette bulle résulte
presque toujours d'une série de faits antécédents dont elle
marque le terme. A défaut de la connaissance directe de ces
faits, qui souvent nous manque, elle peut servir à en conjecturer l'existence. Ainsi la bulle de 1435 qui invite l'official
de Limoges à poursuivre les spoliateurs des biens de l'abbaye,
les ravisseurs de son bétail, les détenteurs de ses archives et
de ses manuscrits. Supposons que nous ne possédions point par
ailleurs la preuve des déprédations et des sévices qui furent
alors, pendant tant d'années, exercés contre les moines :
nous serions fondés néanmoins, sur le vu de l'acte émané de
Rome, à conjecturer comme très vraisemblable une longue
série de guerres qui amenèrent la ruine de notre abbaye; une
ruine telle que le recours au pape parut le seul remède efficace.

Et il en est ainsi pour la plupart des bulles sorties de la
chancellerie pontificale. Rome prend rarement l'initiative d'un
grand changement; elle se contente de donner, s'il y a lieu,
son approbation aux faits accomplis. En général, elle laisse
les hommes d'action, comme saint Bernard, Pierre l'Ermite,
Robert de Sorbon, fonder les ordres religieux, donner le
branle aux croisades, instituer les universités. Elle n'inter-
vient que plus tard, quand les résultats sont appréciables,
pour donner ou refuser son *placet*, suivant les cas. C'est une
politique de haute prudence, dont on retrouverait assurément
la trace dans l'histoire d'une abbaye comme Saint-Martial.

J'irai plus loin et je dirai que l'étude d'un bullaire restreint, tel que celui d'un monastère ou d'un évêché, présente un autre genre d'intérêt historique. Elle doit nécessairement aboutir à montrer, d'une façon très précise, dans quelle mesure le pouvoir des papes s'est mis au service des intérêts spirituels et moraux. Je n'ignore pas que, d'une manière générale et à prendre en gros l'histoire de la papauté, la question est tranchée pour tout esprit impartial; mais il reste à examiner si la solution acquise est applicable partout et si partout la papauté du moyen âge a dispensé dans la même proportion les dons spirituels et les privilèges temporels. Il est fort probable qu'en certaines régions elle a été considérée par les populations avant tout comme un pouvoir religieux détenant les clefs du royaume des cieux, et en d'autres comme un pouvoir politique dont on pouvait tirer aide et secours pour des fins terrestres. Et c'est là une autre question que j'aurais voulu voir scruter à propos d'une abbaye aussi illustre que celle de Saint-Martial de Limoges. Elle eût permis de sonder l'état d'esprit de nos moines dans leurs relations avec le souverain pontificat.

Après le rôle de la papauté il eût valu la peine d'étudier celui de Cluny dans l'histoire de notre monastère. Qu'est-ce que les Clunistes ont apporté à Saint-Martial de Limoges après qu'ils s'y furent installés subrepticement en 1062 par les étranges procédés qu'on nous fait connaître? Est-ce assez de répondre qu'ils introduisirent la coutume des associations spirituelles (p. 251), qu'ils donnèrent à leurs confrères limousins le goût des constructions fastueuses (p. 92) et poussèrent vivement la réédification de la basilique (p. 295), et qu'en somme le monastère de Saint-Martial fut prospère pendant le premier siècle de la réforme clunisienne (p. 86)? N'est-il pas déjà plus important de constater qu'ils y firent prédominer en quelque mesure l'esprit, à tout le moins la lettre des célèbres *Consuetudines* de leur abbé Udalric († 1018), comme on peut s'en convaincre en les rapprochant des règlements donnés aux divers offices claustraux, et du cérémonial usité pour l'admission aux associations spirituelles? — Mais encore? —

Je crois voir que l'abbaye Saint-Martial a été initiée par les abbés de Cluny à la conception monastique ambitieuse et autoritaire qui florissait déjà en Bourgogne. Certes, la règle des mœurs devint plus sévère, au moins pour un temps ; mais les prétentions politiques, les préoccupations temporelles, le souci de compter dans le monde, le désir évident de traiter de puissance à puissance avec les princes de la société féodale, prennent dans le dernier tiers du XIe siècle un élan dont le XIIe siècle verra les effets, mais que n'expliquent pas suffisamment les précédents historiques à nous connus. Ce qu'on appelle la « réforme clunisienne », ce fut pour Saint-Martial avant tout la perte de son autonomie passée, la réduction à une position subordonnée. Cette déchéance ne pouvait être compensée que par un retour complet aux vertus et aux mérites qui sont la raison d'être de la vie monastique. Au lieu de cela, que voyons-nous ?

Nous voyons l'abbaye mêlée plus directement qu'elle ne l'avait été jusqu'ici au mouvement du siècle. Luttes contre le roi d'Angleterre, luttes contre la commune de Limoges, mise en défense de la ville par la construction de murailles, gouvernement de la population, levées de taxes et de contributions de tout genre : voilà pendant cent-cinquante ans au moins les faits dominants de l'histoire de notre abbaye. N'avons-nous donc point raison de dire que la tutelle de Cluny avait introduit un esprit nouveau parmi les moines de Saint-Martial ?

Cet esprit nouveau disparut assez vite, épuisé par ses propres succès. Vinrent les temps d'humiliation, de relâchement, de misère, tels que pour y porter remède nos religieux résolurent d'abandonner la vie conventuelle, qui avait été celle de leurs prédécesseurs depuis 848, et de transformer leur abbaye en une collégiale de chanoines séculiers. Les négociations entamées à cet effet avec la cour de Rome, dès 1535, traînèrent en longueur, et c'est en 1537 seulement que put être inauguré le nouveau régime. Demandons-nous de quelle manière les historiens doivent envisager cette transformation. — Jusqu'ici, ils l'ont tenue pour une déchéance ; ils ont

admis *a priori*, à la façon des théologiens, que la vie monastique était supérieure à la vie séculière et qu'elle comportait
l'exercice de vertus suréminentes, que ne connaît point sans
doute le clergé paroissial. Cet *a priori* n'est pas selon la
méthode historique, qui ne s'arrête pas tant à la doctrine
qu'aux faits et juge d'après ceux-ci. Or, nous avons reconnu
précédemment que l'histoire de l'abbaye Saint-Martial était
remplie d'actes de fraude, de violence, de libertinage, de
simonie même, qui autorisent à conclure que les moines
n'obéissaient bien souvent ni à la lettre ni à l'esprit de leurs
constitutions.

Par contre, les chanoines de la collégiale, pour autant que
nous connaissons leur histoire, paraissent échapper aux
reproches de ce genre. Terne, prosaïque, somnolente, leur
existence le fut tant qu'on voudra, mais exempte de scandales[1], au moins de la part des simples chanoines si de la part
de quelques abbés il en fut parfois autrement. Ne sommes-
nous pas fondés, dès lors, sans nous embarrasser davantage de
la théorie, à contredire ceux qui parlent de déchéance et
à affirmer que les disciples de saint Martial retrouvèrent, sous
le nouveau régime qu'ils adoptaient, à tout le moins une
dignité morale qui est bien la chose essentielle dans l'existence d'une congrégation religieuse? Je n'ignore pas que ce
jugement est frappé de nullité aux yeux de ceux qui croient
que les hautes murailles sont une meilleure défense contre les
assauts de l'esprit du mal que la volonté de l'homme intérieur, et que le contact du monde est forcément une contami-
nation. Nous savons cependant que ces hautes murailles
n'ont pas empêché grand'chose dans l'ancien monastère, les
abus passant par dessus, et nous nous refusons à admettre que
tout ecclésiastique vivant dans le siècle en prenne nécessairement les mœurs et les habitudes. Si nous ne pouvons affir-

---

1. On leur a fait un crime d'avoir quitté la ville lors d'une peste qui
sévit en 1563. Mais les moines, leurs prédécesseurs, n'avaient point agi
autrement en 1481. Il faut attendre la peste de 1631 pour trouver dans le
clergé de Limoges des exemples d'héroïsme et de sacrifice, encore que
plusieurs de ses membres se soient empressés de prendre les champs.

mer en pleine connaissance de cause que les chanoines de
Saint-Martial méritèrent le respect des âmes vraiment chrétiennes, nous pouvons le certifier pour les chanoines de la
cathédrale Saint-Etienne, dont les délibérations capitulaires
nous ont été conservées[1]. Pour un confrère ivrogne, joueur
ou débauché que le chapitre cathédral morigène ou stigma-
tise, il y en a vingt sur le compte desquels il n'a rien à redire.
Des mérites de ceux-ci ne pouvons-nous, jusqu'à plus ample
informé, étendre le bénéfice aux chanoines de Saint-Martial,
vivant comme eux sous le regard de tous? M. de L. a cru voir
(p. 245) qu'au xviiie siècle « ils avaient peu d'esprit religieux »; il n'a noté nulle part qu'ils fussent décriés pour leurs
mœurs.

Le retour à la vie séculière, s'il marque, comme on dirait
aujourd'hui, la faillite du régime monastique, n'est donc pas
pour cela nécessairement une déchéance. Ni les moines de
1535 qui le réclamèrent ne demandaient à déchoir, ni l'évêque qui l'appuya, ni le pape qui l'accorda ne l'entendaient
ainsi. La bulle pontificale ne dit-elle pas explicitement que la
transformation est consentie pour procurer l'augmentation
du culte divin, la conservation des biens et l'honneur des
moines[2]? Remarquons d'ailleurs que la sécularisation de
Saint-Martial n'est qu'une manifestation d'un mouvement général qui commence en France vers le milieu du xve siècle, —
bien longtemps avant que la réforme protestante n'eût attaqué
au nom de l'évangile le principe même de la vie monastique,
— et se prolonge jusqu'au milieu du xviiie siècle, trois cents
ans durant. Nous en trouvons des exemples à Saint-Flour (1476),
Tulle (1514), Saint-Salvi d'Albi (1524), Montauban (1525), Cas-
tres (1525), Figeac et Gaillac (1536); d'autres encore à Conques
(1537), Saint-Amable de Riom (1548), Sarlat (1559-62), Saint-

1. De larges extraits de 1527 à 1771 en ont été publiés par nous dans
les *Archives histor. du Limousin*, t. III et VI.
2. « *Ad divini cultus augmentum et bonorum conservationem ac eccle-
siarum et personarum decorem (sic) et venustatem...* » (Voir le préambule
de la bulle de sécularisation (22 nov. 1535), publiée intégralement pour
la première fois par M. de Lasteyrie (p. 447-467).

Géraud d'Aurillac (1561-62), Vabres (1577), etc., etc., sans sortir
de la région du Massif central. Ni dans le temps ni dans l'es-
pace la sécularisation de Saint-Martial de Limoges ne saurait
donc être tenue pour un fait anormal, exceptionnel. Elle est
plutôt l'un des moments d'une évolution puissante qui pous-
sait le clergé régulier à briser les vieux cadres du moyen âge,
pourris et disloqués, pour en chercher de plus conformes à ses
besoins. Au fond, il s'agissait d'une réforme, à la fois morale
et religieuse, inspirée par les grands conciles de Constance et
de Bâle : elle n'échoua que parce qu'elle fut tardive et
insuffisante; encore faut-il lui tenir compte d'avoir compris
que les formes sociales sont peu de chose pour la vie de
l'âme et n'emportent point nécessairement le fond.

Arrivés au terme de notre étude, nous croirions cependant
n'avoir point accompli toute notre tâche si nous ne retenions
encore l'attention du lecteur sur un ou deux points essentiels.

M. Ch. de Lasteyrie a bien vu que l'histoire de l'abbaye
Saint-Martial de Limoges a eu son apogée sous le règne de Philippe-Auguste[1] ou, pour mieux dire, sous l'abbé Isembert qui
gouverna le monastère de 1174 à 1198. Je me suis évertué à
préciser davantage les dates de cet apogée, en établissant le
synchronisme des faits principaux. Je ne suis point arrivé, en
fin de compte, à un résultat sensiblement différent de celui
auquel s'est arrêté mon prédécesseur. J'ai trouvé seulement
que le déclin n'avait point eu lieu d'ensemble et ne s'était
affirmé que par une série de petites déchéances partielles.

Cette conclusion admise, il ne serait pas moins intéressant
de rechercher celle que nous pourrions formuler après examen de cette autre question : Quelle est l'époque du plus
grand abaissement de l'abbaye Saint-Martial? — C'est la con-
tre-partie de la précédente, mais elle est d'une solution moins
aisée, parce que les faits sur lesquels nous devons tabler sont
pour la plupart négatifs.

D'une manière générale, c'est l'histoire du xv⁰ siècle qu'il

1. Cependant, p. 334, l'auteur place cet apogée « au début du règne
de saint Louis ».

faut scruter. Car alors, certainement, il n'y a plus guère de vie intellectuelle, ni de fondations pieuses, ni de pèlerinages. La règle conventuelle n'est plus observée, la moralité a disparu, les biens-fonds ne produisent plus leurs redevances accoutumées, les bâtiments tombent en ruines, les services que rendait jadis l'abbaye à la ville sont maintenant nuls. Par contre, les mauvais moines sont devenus légion, les querelles et les violences se multiplient, la simonie impudente s'affiche partout. De quelque côté qu'on se tourne, les puissances du mal se donnent carrière et leur triomphe présage à l'abbaye l'approche des derniers temps.

Mais il paraîtra sans doute un peu vague de marquer au XVᵉ siècle la plus grande décadence de Saint-Martial. Pour préciser davantage nous dirons, après examen des faits, qu'à notre avis l'abbatiat d'Etienne Aumoin (1393-1409) est celui en qui se résument tous les maux, toutes les hontes, toutes les souffrances de notre abbaye. Il y en eut peut-être de plus misérable au point de vue temporel, il n'y en eut pas de plus abaissé au point de vue moral.

Progrès et décadence, telles sont les deux faces de toute institution humaine, même ecclésiastique. L'abbaye Saint-Martial n'ayant pu adapter ses principes d'organisation à ceux de la société nouvelle, sa disparition était fatale. Montalembert y a vu l'effet d'un « crime »[1]. Il serait plus juste, je crois, et plus conforme à la réalité historique des choses, d'y voir l'effet d'une loi supérieure, dont la souveraineté s'affirme sans cesse dans le monde[2].

---

1. *Les Moines d'Occident,* 3ᵉ édit., 1868, p. CXXXIII. Cf. p. CLXVIII.
2. Telle est bien d'ailleurs l'opinion de M. Ch. de Lasteyrie : « L'abbaye, nous dit-il (p. 292), était absolument ruinée à la veille de la Révolution. Elle aurait certainement fait faillite sans tarder si les événements politiques n'étaient survenus qui devaient l'emporter. Elle était condamnée par cette loi inexorable de l'histoire, que tout récemment encore M. d'Avenel a si heureusement mise en lumière. La marche du temps détruit toutes les fortunes et déprécie tous les revenus mobiliers. »

Original en couleur

NF Z 43-120-8